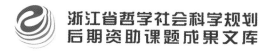

浙江省哲学社会科学规划
后期资助课题成果文库

齐思和史学研究

Qi Sihe Shixue Yanjiu

杨俊光　著

中国社会科学出版社

图书在版编目（CIP）数据

齐思和史学研究／杨俊光著．—北京：中国社会科学
出版社，2018.6
（浙江省哲学社会科学规划后期资助课题成果文库）
ISBN 978-7-5203-2427-4

Ⅰ.①齐…　Ⅱ.①杨…　Ⅲ.①史学-研究　Ⅳ.①K0

中国版本图书馆 CIP 数据核字（2018）第 091093 号

出 版 人　赵剑英
责任编辑　宫京蕾
特约编辑　大　乔
责任校对　朱妍洁
责任印制　李寡寡

出　　　版　中国社会科学出版社
社　　　址　北京鼓楼西大街甲 158 号
邮　　　编　100720
网　　　址　http：//www.csspw.cn
发 行 部　010-84083685
门 市 部　010-84029450
经　　　销　新华书店及其他书店

印刷装订　北京君升印刷有限公司
版　　　次　2018 年 6 月第 1 版
印　　　次　2018 年 6 月第 1 次印刷

开　　　本　710×1000　1/16
印　　　张　11.75
插　　　页　2
字　　　数　202 千字
定　　　价　56.00 元

凡购买中国社会科学出版社图书，如有质量问题请与本社营销中心联系调换
电话：010-84083683

《齐思和史学研究》序

瞿林东

　　齐思和先生是 20 世纪中国史学上的名家，在中国近现代史学史上占有重要的位置。本书作者杨俊光博士以"齐思和史学研究"为题撰成他的博士学位论文，并得到同行专家的肯定，顺利地获得博士学位。作者在学位论文的基础上，对本书作了进一步修改，使其更加完善。我作为作者攻读博士学位的指导教师，在本书行将付梓之际，在这里写几句话，就算是序言吧。

　　近几十年来，关于齐思和史学的研究，有许多论说，其中不乏名家之作。面对这种学术状况，后起之士，能不能再作类似选题的研究？敢不敢作这种研究？怎样作这种研究？等等。这些问题都必须认真考虑，而其实质则是如何正确地对待和处置学术上的继承与发展的关系，以至继承与创新的关系。从本书的"学术史回顾"的内容结合本书的撰述结构来看，我以为，作者正是以严谨的态度和实事求是的精神，对待和处置了继承与发展、继承与创新的关系。这就是说，作者是真正继承和吸收了前人和今人的有关研究成果，作为自己研究的起点和发展的前提。作者概述了张芝联、齐世荣、戚国淦、马克垚等教授与齐思和的学生们的有关论述，概述了齐思和先生的后人对齐先生的生平及学术的介绍，在此基础上融会贯通，综合提高，著成此书，成为全面地、系统地反映齐思和史学成就的一部新著，从而把这一研究领域推进到一个新的阶段。

　　清晰而明确地反映史学家的学术成就，是以单个史学家作为研究对象的关键所在。本书作者在总结前人与今人研究的基础上，结合自身的专业特点和研究所得，把齐思和史学概括为四个方面分别予以论述，即中国史研究领域、世界史研究领域、史学批评与史学理论研究领域、史学史领域。其中，"史学批评活动与史学理论探索"是史学界讨论较少的部分，作者结合自身研究专业的特点和兴趣，对此作了深入的发掘，从旨趣、视野、特点等方面概括了齐思和的史学批评活动；从史学的性质、史料的分类、历史编纂、史家修养等几个方面梳理了齐思和关于史学理论的探索。不论是对"活动"的概括，还是对"探索"的梳理，作者都是以问题切入，条分缕析，使人读来明白、流畅。在史学史研究领域，齐思和关于中国近代史学的研究用力甚勤，所撰《近百年来中国史学的发展》是一篇宏文，有广泛的影响。本书作者在分析此文的内容和意义后，从五个方面归纳此文对这一时期中国史学发展趋势的指向：一是新的史学方法的引进；二是通史教科书的发展；三是历史观的进步；四是新史料的发现；五是史学研究呈现专门化的趋势。这一归结，凸显出此文的学术价值，有益于读者对此文的理解，亦可见作者思考之深刻。

在清晰地和明确地论述史学家的学术成就的基础上，揭示并分析史学家治史的特点，是以单个史家为研究对象的研究，必须作进一步探讨的问题。因为这方面的探讨必将涉及史学家治史的旨趣、路径和方法，把问题从"是什么"引向"为什么"。本书作者以专章讨论"齐思和的史学风格"，并把关键词定位在"比较与会通"上面。作者认为，齐思和的史学风格包含"中西比较，中西互证""古今比较，古今兼治""学术研究与文献整理""历史考证与历史解释"。显然，重点是在前两项，作者对此作了高度评价，并在该章"小结"中作了这样的概括："重比较而求会通，是齐思和的史学风格。他的比较的运用是多层次的，包括中西比较、古今比较、历史比较、史学比较。除了重视比较，齐思和还形成了会通古今中外，学术研究与文献整理，历史考证与历史解释等多维度，多层次的会通。"对于齐思和先生来说，这些评价都是合适的，但由于牵涉面过宽，论述略显分散，反倒显得本书作者笔力弱了。如能以齐世荣先生的评价"中西汇通，贯穿古今"，或是以马克垚先生的评价"学贯中西、史通中外"为题展开论述，似更能凸显齐思和史学的特点。当然，这只是我的一点想法，未必中肯，谨供作者参考。

上面所说的三个方面，是本书的出色之处。它同时表明，类似"齐思和史学"这样的论题，是可以研究而且能够研究并将获得预期的成果的。本书作者在"绪论"中讲到"齐思和史学研究"的学术价值和理论意义有三点表述：第一，从一般意义上看，齐思和是20世纪中国史学上有代表性的史学家之一，自然具有研究价值；第二，从特殊意义上看，齐思和是一位中西兼通的史学家，从而具有特殊的研究价值；第三，从广义上看，研究

20世纪中国史学上中西兼通的史学家群体，进而揭示这一群体的特征，这就具有一定的理论意义了。作者的这一见解，把微观研究同宏观研究结合起来，把具体研究同理论思考结合起来，具有启发意义，值得重视。

　　最后，借此机会，我想讲讲近几年来我考虑的一个问题：在中国史学史研究尤其是中国近现代史学史研究中，如何充分地反映出研究外国历史和外国史学之中国史学家的成就，应成为当前史学史研究一个突出的重点。这是因为：第一，这方面研究充实了，中国史学史才是较全面的史学史；第二，这方面研究充实了，必将有利于中外史学交流，进一步提升中国史学的话语权；第三，这方面研究充实了，定会推动中国史学家尤其是中青年史学工作者在不同研究领域的互相渗透，互相交叉，促进中国史学更快、更好地发展。杨俊光博士的研究成果，可供有志于此的同行和广大读者参考。

　　是为序。

2017年元旦

目　　录

绪论 ……………………………………………………………… (1)

  一　选题旨趣 …………………………………………………… (1)

  二　学术史回顾 ………………………………………………… (2)

  三　研究思路 …………………………………………………… (11)

第一章　齐思和生平事略与师友交谊 ………………………… (14)

  一　生平事略 …………………………………………………… (14)

  二　师友交谊 …………………………………………………… (24)

  小结 ……………………………………………………………… (35)

第二章　齐思和在中国史研究领域的成就 …………………… (36)

  一　先秦史研究的主要成就 …………………………………… (36)

  二　中国近代史研究的成就 …………………………………… (49)

  小结 ……………………………………………………………… (58)

第三章　齐思和在世界史研究领域的开拓 …………………… (59)

  一　世界中世纪史学科的奠基 ………………………………… (60)

  二　世界现代史学科的开拓 …………………………………… (63)

  三　中西交通史研究的突出成就 ……………………………… (69)

  小结 ……………………………………………………………… (76)

第四章　齐思和的史学批评活动与史学理论探索 …………… (77)

  一　关于史学批评活动 ………………………………………… (78)

  二　关于史学理论探索 ………………………………………… (94)

  小结 ……………………………………………………………… (108)

第五章　齐思和在史学史研究领域的建树 …………………… (109)

  一　论史学史研究的范围 ……………………………………… (109)

  二　论中西史学史的分期及特点 ……………………………… (111)

　　三　论中国近代史学发展趋势 ……………………………（117）

　　小结 ………………………………………………………（125）

第六章　比较与会通：齐思和的史学风格 ………………（126）

　　一　齐思和史学风格的形成 ……………………………（127）

　　二　齐思和的史学风格 …………………………………（135）

　　小结 ………………………………………………………（147）

结语　齐思和在中国近现代史学中的地位 …………………（148）

附录一　齐思和学术年表 …………………………………（152）

附录二　齐思和著述目录编年 ……………………………（167）

主要参考文献 ………………………………………………（173）

绪　　论

一　选题旨趣

20 世纪是中国历史的重要一页，20 世纪中国史学是中国史学史的一个重要发展阶段。"20 世纪是中华民族从苦难、抗争走向胜利、振兴的历史。在这一百多年中，中国史学经历了伟大的变革、严峻的考验和深刻的反省。"① 20 世纪中国史学，名家辈出、流派纷呈，新材料的发现，新观点、新方法的引进，新的研究领域的不断开拓，传统与现代，中国与西方，各种史学思潮互相碰撞、交集，构成一幅绚丽多姿的史学画卷。研究这一时期的史学，有不同的视角，可以选择其中某一阶段，也可以选择某一流派，或是选择个案研究。本书就是以齐思和为个案研究对象，试图以此作为研究 20 世纪中国史学的切入点。

笔者在撰写硕士学位论文《20 世纪前半期中国的世界史著述研究》的过程中，曾涉及齐思和在世界史领域的学术成果，对齐思和有了初步的了解，后来通过进一步搜集资料与深入思考，方知齐思和是 20 世纪中国著名的史学家，以其"学贯中西，史通中外"闻名于世②，他不仅中西兼通，而且博古通今，在中国古代史、中国近代史、世界古代史、世界近现代史、史学理论与史学史、中西交通史等领域均颇有建树。

齐思和生于晚清，成长、成名于民国，中华人民共和国成立后学习马克思主义，参与新中国的历史教育事业，1980 年逝世。他的一生几乎跨

---

① 瞿林东主编：《20 世纪中国史学发展分析·总序》，北京师范大学出版社 2009 年版，第 1 页。

② 马克垚：《学贯古今，史通中外——略论齐思和先生的史学》，《世界历史》1995 年第 2 期。

越了 20 世纪中国每个重要时期,留下了丰硕的史学成果,著述近 1000 万字①,可谓著作等身,成就斐然。齐思和从事史学研究 50 年,从事历史教育工作 40 年,为 20 世纪中国史学的进步作出了自己的贡献。他在抗日战争期间,两拒日伪的威逼利诱,坚持民族气节;解放战争时期,先后婉拒牛津大学、哈佛大学的聘请;中华人民共和国成立前夕,坚决拒绝去台湾,留在大陆参加新中国的建设事业,体现了他的人生追求。

综上所述,系统梳理和研究齐思和史学,具有独特的学术价值和理论意义。

第一,就宏观层面而言,齐思和是 20 世纪中国史学的一个具有代表性的史家之一,透过齐思和史学,可以略窥 20 世纪中国史学发展之面貌。由齐思和进而延伸到与之相关的史学家群体,由点及面,以期打开 20 世纪中国史学研究之门。

第二,就微观层面而言,齐思和作为 20 世纪中西兼通的史学家,在 20 世纪中国史学占据一定的学术地位,对齐思和史学作全面、深入的梳理与研究,将有助于丰富中国近现代史学的薄弱环节,扩大中国近现代史学的研究视野。

第三,有助于继续深入研究 20 世纪中西兼通的史家群体。中西兼通的史家群体的出现,是 20 世纪中国史学史上一个突出的现象,齐思和作为其中的代表人物之一,对齐思和的研究,有利于扩及其他中西兼通的史学家,从而为研究这一史家群体奠定基础。

二　学术史回顾

作为 20 世纪中国著名的史学家,齐思和在中国史、世界史、中西交通史、史学理论与史学史等领域均有建树,对其作全面、深入的研究是中国史学史、学术史上重要的研究课题。目前,学界对齐思和的研究已经取得一些成绩,已有的研究成果,对进一步全面、深入、系统地研究本课题,具有重要的借鉴作用。兹按总论和分论两大类,将主要的研究成果加以梳理,予以综述。

1. 总论齐思和史学之研究

戚国淦的《史坛巨匠　后学良师——怀念齐思和先生》是较早的一篇

---

① 齐文心:《先父齐思和生平及著作简述》,《农业考古》2000 年第 3 期。

对齐思和及其史学成就作全面论述的文章，全文分为四个部分展开论述。第一部分简要回顾了齐思和的家世、生平，以及求学、治学经历。第二部分简论齐思和在中华人民共和国成立后的史学成就，认为齐思和"学识精湛，方面广博，一生所授课程包括中国史商周史至秦汉诸断代，世界史从古至今诸段，英、美国别史以及史学史、思想史等不下十多门"①。第三部分简论齐思和治学旨趣与治学特点，认为齐思和"于两周历史多所考证，往往能突破陈说，提出新解"，指出齐思和重视比较研究的方法。第四部分简述齐思和爱国主义精神，指出在抗战时期，齐思和甘守清贫，坚决拒绝日伪"聘请"。中华人民共和国成立前夕，他拒绝英国某著名大学的重金聘请，把学识贡献于祖国学术事业。②

戚国淦、寿纪瑜的《历史学家齐思和》内容与戚国淦的《史坛巨匠　后学良师——怀念齐思和先生》一文大致相同，略述了齐思和生平与治学特点。③

张舜徽主编的《中国史学家传》（辽宁人民出版社 1984 年版），收录了齐文心撰写的《齐思和》一文，文中对齐思和的生平与学术成就作了论述。认为齐思和受父亲齐国梁的影响，自幼接受新式教育，1922—1927 年，齐思和先后在南开中学、南开大学求学，当时范文澜在南开任教，齐思和深受启迪。1928—1931 年，齐思和在燕京大学刻苦学习，以优异成绩获得赴美留学奖学金资格，进入哈佛大学历史系研究院学习，1935 年获得哈佛大学历史科哲学博士学位。1935—1937 年卢沟桥事变，齐思和受聘于北平师范大学历史系，同时在北京大学、燕京大学兼课，讲授"史学概论"。1937—1941 年太平洋战争前，齐思和任教于燕京大学，开设中国上古史、春秋史、战国史、史学名著选读、世界近现代史等课程。1941—1945 年抗战胜利，齐思和在私立中国大学任教。1945—1952 年院系调整，齐思和在燕京大学任教，并担任文学院院长、《燕京学报》主编，其间偏重于西周史的研究。1952 年起，任教于北京大学，讲授世界中世纪史，直至 1980 年逝世，此时偏重世界古代史研究，同时在史料编

---

① 戚国淦：《史坛巨匠　后学良师——怀念齐思和先生》，《世界历史》1982 年第 1 期。

② 同上。

③ 戚国淦、寿纪瑜：《历史学家齐思和》，《文献》1991 年第 3 期。

纂和工具书编纂方面贡献很大。①

马克垚的《学贯古今，史通中外——略论齐思和先生的史学》从宏观上概括了齐思和的史学成就与史学特点。全文分为四个部分，第一部分略述齐思和生平事迹。第二部分论述齐思和在中国史研究方面的成就与特点，其一，认为齐思和"对中国古史的看法有自己的体系"；其二，中西比较的治学特点，认为齐思和"研究中国古代历史，往往能以西方古代历史的情况，加以比较，从而得出自己的结论"。其三，认为齐思和治史"具有深刻的考证功力"②。第三部分论述了齐思和在世界史教学与研究方面的成就，指出齐思和在世界上古史、世界中古史、世界现代史、西欧封建土地制度以及文艺复兴等方面的独到见解与学术贡献。第四部分概述了齐思和在史学史和中西交通史方面的贡献。③

萧良琼的《在史学上独辟蹊径的齐思和先生》，对齐思和治学特色作了较为详细的剖析。认为"齐思和一方面用西洋史实对比研究中国古代史，反过来，他又运用中国史料来研究世界史上的重大问题，这是很有特色的。一般来说，外国学者掌握中国史料不及中国学者熟悉，西方的史书记载也往往不及中国完备"④。认为齐思和在史学研究中，重视比较方法的运用，尤其是中外比较，他在研究具体史学问题时，往往从中西比较的角度，得出结论。此外还注意通过融汇中西史料来研究有关问题，如《中国与拜占庭帝国的关系》《匈奴西迁及其在欧洲的活动》等论著，就是这方面的代表作。

齐文心的《先父齐思和生平及著作简述》（原载张世林《学林往事》，朝华出版社 2000 年版；《农业考古》2000 年第 3 期转载），对齐思和生平及其著述情况作了较为详细的探讨，是研究齐思和的重要参考文献。全文分为两个部分，第一部分详细勾勒齐思和的生平事迹，重点论述了齐思和在燕京大学、哈佛大学的求学经历，以及 20 世纪三四十年代齐思和在北平师范大学、燕京大学的学术活动。第二部分侧重梳理齐思和主要的学术

---

① 齐文心：《齐思和》，张舜徽主编《中国史学家传》，辽宁人民出版社 1984 年版。

② 马克垚：《学贯古今，史通中外——略论齐思和先生的史学》，《世界历史》1995 年第 2 期。

③ 同上。

④ 萧良琼：《在史学上独辟蹊径的齐思和先生》，《燕京学报》新第 6 期，北京大学出版社 1999 年版，第 249 页。

著作，认为齐思和"解放前研究重点在先秦史方面，解放后，结合教学工作，世界史特别是世界中世纪史为其主要的研究对象"①。

2007 年 5 月 7 日，北京大学历史系举行"纪念齐思和先生百年诞辰学术研讨会"，来自国内外近百位专家学者参加。张芝联高度评价了齐思和在古今中外史学领域的造诣，并回忆了齐思和做人方面的优秀品质。齐世荣指出齐思和的学问是中西会通、贯穿古今，并认为齐思和是中国第一个讲授世界现代史的学者，还编著了英文版的《西洋现代史》。廖学盛回顾了与齐思和的交往，认为齐思和学贯中西、中外兼通，我国世界史的发展需要更多这样的学者。寿纪瑜回顾了在齐思和门下求学的往事，认为齐思和有做学问的悟性，学问渊博、深厚、扎实，为人温良敦厚，与人为善。马克垚主要论述了齐思和的会通之学，认为齐思和的会通是有理论体系的，首先是在专题研究的基础上达到会通，其次注重对规律的探寻。林被甸是齐思和的学生，他认为齐思和不仅博学，而且讲课生动，外文水平很高。郝斌回顾了 20 世纪 50 年代齐思和在北京大学的授课情况，指出了其讲授世界通史的四个特点：第一，编纂讲义，现编现印现发；第二，讲课条分缕析，深入浅出；第三，注重课堂教学与课外参观实践相结合；第四，注重课堂讨论。郭小凌认为齐思和与雷海宗一样，都生不逢时，他们受到国内外最好的教育，而他们所处的时代不能使他们的才华得到充分的发挥。黄安年指出齐思和 20 世纪 30 年代在北平师范大学开设过史学概论和美国史，是讲授美国史的专家，他在中国近代史、世界史、先秦史三个方面都有杰出的贡献。杨大力认为齐思和是继承乾嘉学派的学者，他的文章很有功力，也很有影响。②

马克垚的《齐思和先生的会通之学》指出齐思和是我国世界中古史学科的开拓者和奠基人之一，他学识渊博，贯通古今中西，尤精研先秦史、晚清学术思想史、乾嘉考据学和世界中古史；他又有很深的历史学理论造诣，融汇中西、纵横古今，多所发明。此文还认为齐思和注重比较研究的方法，齐的比较研究是建立在中西比较、互证的基础上；认为齐思和要求的会通之学，要建立在专的基础上，才能做到通，还要研究不同事物

---

①　齐文心：《先父齐思和生平及著作简述》，《农业考古》2000 年第 3 期。

②　齐小玉：《道德文章　高山仰止——"纪念齐思先生和百年诞辰学术研讨会"纪要》，《云梦学刊》2007 年第 6 期。

的共同规律，而不是将其作简单的排比。①

南开大学张光华的硕士学位论文《齐思和与〈中国史探研〉研究》（2003 年，国家图书馆学位论文库），以齐思和的《中国史探研》为主要研究对象，对齐思和的生平、史学思想、史学方法都有一定的涉及。全文分为五个部分，第一部分简要介绍了齐思和的生平及其学术成就，认为齐思和早年致力于中国古代史，尤其是两周史的研究，并兼及史学理论与史学方法。20 世纪 40 年代末，齐思和的研究范围扩展至中国近代史领域，主要集中在近百年来的学术思想方面。中华人民共和国成立后，齐思和在教材建设、资料选辑和工具书的编纂方面作出了不小的贡献。20 世纪 50 年代起，齐思和研究视野集中在西欧封建土地制度问题上，并且在中西交通史方面也取得了突出的成就。文章第二部分主要分三个方面对《中国史探研》作出述评：第一，认为齐思和在先秦史研究的贡献主要有经济史、政治制度史和文化史。经济史方面主要考证了《毛诗》中的谷名，澄清了后人对"井田制"的种种错误看法，对农家学说的起源、思想及影响进行考证。政治制度史方面，主要考证了周代锡命典礼，探讨了西周时代的政治思想，纠正了汉代政治制度源于秦朝的错误看法，纠正了历史上对商鞅变法的一些错误看法，考察了战国丞相制度，考证了五行学说的起源。文化史方面主要考证了西周地理起源，考证了《孙子兵法》与《战国策》的著作年代，考证了古代传说中圣王发明各种器物的起源及流变过程。第二，论述了齐思和对中西交通史研究的贡献。第三，略述齐思和的近代史研究成就，指出齐思和编纂《鸦片战争》《第二次鸦片战争》资料的过程，并对齐思和的《晚清史学的发展》一文作了较为详细的论述，认为此文是一篇简明的清代史学史，认为齐思和把清代史学分为清初之乾嘉、乾嘉至道光、道光至 20 世纪初（以梁启超提出《新史学》为标志）、再至清末四个阶段，为前人所未及，具有较高学术价值。文章第三部分主要就齐思和的史学方法作简要探讨。认为齐思和的史学方法包括列举统计的方法、比较研究的方法、本末缕叙法。第四部分从三个角度对齐思和的史学思想作了简要论述，其一，论述了齐思和关于历史学的功用与价值的思想，指出齐思和否认史学能够达到借鉴的目的，而是主张史学的功用在于帮助我们了解现在、推测未来。其二，论述了齐思和关于文史关系的看

---

① 马克垚：《齐思和先生的会通之学》，《光明日报》2007 年 6 月 8 日第 9 版。

法，认为齐思和不太重视历史撰述中的文字表达。其三，论述了齐思和的旧史改造思想，认为齐思和在继承梁启超的思想基础上，提出了专题分工，编纂通史的国史改造思想。文章第五部分，就齐思和的《中国史探研》存在的不足作了简述，认为此书的证史方法前后矛盾，有些论据稍显牵强，某些推论不够准确，个别论点论证过程欠周详。①

齐文颖的《勤奋　创新　爱国——纪念先父齐思和先生百年诞辰》，是一篇有关齐思和研究的重要文献，全文重点论述了齐思和求学阶段的勤奋刻苦，学术研究的开拓创新，在国家民族大义面前，坚持爱国主义立场。此文首先介绍了齐思和《史学概论讲义》的三个特点："它建立了融汇中外史学于一体的《史学概论》新体系，在中外大学乃属首创。""高瞻远瞩，俯瞰中西史学起源与发展，适应时代与学科。""文字表达深入浅出，明白易懂。"② 其次，此文着重阐述齐思和的学术创新，指出齐思和在 20 世纪 30 年代在北平师范大学、北京大学开设"美国史"课程，是我国开设"美国史"课程的第一人。同时在清华大学开设"战后国际关系史"，在燕京大学开设"西洋现代史"，都是前所未有的新课程。1957年齐思和编著出版的《世界中世纪史讲义》是中华人民共和国成立后我国出版的第一部由中国学者编写的"世界中世纪史讲义"。此外齐思和还运用中西史料，发表《匈奴西迁与其在欧洲的影响》，证明了外国史书所说的匈人，即我国史书上所载的匈奴人。最后指出了齐思和的爱国主义思想，齐思和在抗战时期，两次拒绝日伪威逼利诱，在解放战争时期，先后拒绝牛津大学和哈佛大学的邀请，中华人民共和国成立前夕，坚决拒绝追随国民党到台湾。③

陈建守的《燕京大学与现代中国史学发展（1919—1952）》一书，主要阐述了燕京大学的史学课程设置及发展，整理国故风潮下的研究方向，燕京大学创办的史学类刊物，燕京大学史学人才培养等方面，全面论述了燕京大学的史学发展情况，侧重阐述燕京大学在中国近现代史学上的地位与贡献，其中有些章节论及齐思和，主要指出齐思和主编《燕京学

---

① 张光华：《齐思和与〈中国史探研〉研究》，硕士学位论文，南开大学，2003 年。

② 齐文颖：《勤奋　创新　爱国——纪念先父齐思和先生百年诞辰》，《燕京学报》新第 26 期，北京大学出版社 2009 年版，第 314—315 页。

③ 同上。

报》的办刊思路，齐思和在燕京大学所开设课程，等等。①

丁文方等主编的《山东历史人物词典》的"齐思和条"，对齐思和的生平学术成就也作了简要介绍。②

吴于廑、陈翰笙等主编的《中国大百科全书·外国历史卷》"齐思和"条，对齐思和的生平以及史学成就作了概述。③

2. 分论齐思和史学之研究

（1）关于《中国史探研》的研究。1981 年齐思和的《中国史探研》（繁体版）由中华书局出版，翌年，王恒杰在《历史研究》1982 年第 5 期发表《严谨探研的硕果》一文，对齐思和《中国史探研》作了评介。认为《中国史探研》是齐思和一生精心的研究成果，齐思和治学严谨、勇于探讨的精神贯穿全书。此文高度评价了齐思和在春秋战国史研究方面的成就，"齐先生认为，秦制导源于春秋和战国，不弄清春秋战国史，就难于弄清秦汉史。春秋战国这段历史头绪繁多、材料杂乱。欲搞清这段历史，须首先弄清文献，然后再对诸问题展开探讨，并在此基础上，条理出类如断代史和通典或会要的著述来"④。认为在牛耕的使用和铁器的发明问题上，齐思和是较早且较为全面的研究者，齐对铁器，特别是对牛耕的起源与使用加以论证和剖析，并把它们作为春秋战国时期社会生产力发展标志。文中还指出，齐思和对战国制度的考察，尤其是对战国时期各国变法运动的考证以及对战国宰相制度的考察，都具有重大学术价值。

（2）关于《史学概论讲义》的研究。2007 年，黄安年的《融中外一体的课程新体系——读〈齐思和史学概论讲义〉》，主要说明了齐思和《史学概论讲义》的搜集、出版过程，认为《史学概论讲义》"开创了融中外史学于一体的新课程体系，它的创新精神是无可置疑的"。"齐先生充分运用了自己在美国学习到的新方法，既研究中国的也研究外国的从而

① 陈建守：《燕京大学与现代中国史学发展（1919—1952）》，台湾师范大学历史学系，2009 年。

② 丁文方等主编：《山东历史人物词典》，山东人民出版社 1990 年版，第 710—711 页。

③ 吴于廑、陈翰笙等主编：《中国大百科全书·外国历史卷》，中国大百科全书出版社 1992 年版，第 757 页。

④ 王恒杰：《严谨探研的硕果》，《历史研究》1982 年第 5 期。

形成了'比较史学'的学术特点。"① 此外，作者还指出，《史学概论讲义》在文字表述上言简意赅、画龙点睛，论述问题深入浅出，该书的出版丰富了我国的史学概论课程体系教学。

（3）关于中西交通史研究。韩景轩的《读齐思和先生的〈匈奴西迁及其在欧洲的活动〉》，对匈奴西迁作了简单的学术史考察，指出齐思和《匈奴西迁及其在欧洲的活动》一文的学术价值及其存在问题，认为"这篇文章的结构安排得比较巧妙，若把'北匈奴西迁欧洲的具体过程'摘录出来也可以单独成文，但是文章会因此显得晦涩，将其融入匈奴的发展历程中记述，既考证了匈奴的西迁历程，又简述了一遍匈奴发展史，一切显得顺理成章、衔接自然。当然只注重文章结构的构思及写作上的技巧是不够的，重要的还是文章的具体内容。从整体上看，作者把中文史籍和西方文献巧妙的结合起来，并运用考古资料研究匈奴西迁问题，是值得借鉴的"。此外，作者指出齐文中匈奴西迁过程中到过悦般和栗特的说法存在问题，并对此作了简要阐述。②

（4）关于齐思和主编《史学年报》《燕京学报》。张越的《关于燕京学报》（《史学史研究》1996 年第 4 期）和《"书评"中的学术批评——〈燕京学报〉"书评"栏目的特色》（《廊坊师范学院学报》2008 年第 6 期），对齐思和以及《燕京学报》都有较多论述。前文主要论述《燕京学报》的刊行始末、主要内容、编纂特点。③ 后者主要论述《燕京学报》"书评栏目"的编纂特色，对曾担任主编的齐思和有所论及，文章指出"齐思和是中国当时为数不多的真正系统接受了中国史学和西方史学训练的学者，也是少数兼通中西史学的中国史学家之一"，1946 年《燕京学报》复刊至 1951 年《燕京学报》停刊，"书评"栏目一直没有间断，这与主编齐思和的用力经营有着密切关系。④

石增银的《燕京大学历史学会初探》，在论述燕京大学历史学会过程

① 黄安年：《融中外一体的课程新体系——读齐思和〈史学概论讲义〉》，《云梦学刊》2007 年第 4 期。

② 韩景轩：《读齐思和先生的〈匈奴西迁及其在欧洲的活动〉》，《社科纵横》（新理论版）2008 年第 1 期。

③ 张越：《关于燕京学报》，《史学史研究》1996 年第 4 期。

④ 张越：《"书评"中的学术批评——〈燕京学报〉"书评"栏目的特色》，《廊坊师范学院学报》2008 年第 6 期。

中，对齐思和主编《史学年报》的情况有所述及。文中指出燕京大学历史学会下设讲演股、参观股、研究兼出版股，其中研究兼出版股是历史学会最重要的部分，主要负责组织学术研讨会的组织和承担会刊《史学年报》的编纂工作，齐思和担任历史学会的研究兼出版股的负责人，同时兼任历史学会出版委员会主席及《史学年报》主编，从1929年《史学年报》创刊直至1931年齐思和毕业留学美国。①

李春雷的《留美生与中国历史学》在论述留美学生的情况时，对齐思和有所述及，尤其是此书第七章"民国史学研究的纵深化——留美生与民国时期史学期刊研究"，对齐思和主编《燕京学报》多有论述，认为齐思和重视考证性文章和通史性文章的刊载，指出齐思和具备深厚的考证功力的同时，还重视史学思想和史观，这也是其主编《燕京学报》所贯穿的理路。②

（5）关于齐思和论民族与民族主义。日本学者松本真澄著，鲁忠慧译的《中国民族政策之研究——以清末至1945年的"民族论"为中心》，对齐思和在民族、民族主义方面的主张作了论述与评介。作者认为齐思和《民族与种族》一文整理、分析了历来的"民族"与"种族"概念，试图建立一种有关国族形成的新理论，认为"民族"是政治概念，是受到外敌压迫下形成的心理现象。"种族"是个生物学概念。作者还指出"齐思和把反对帝国主义的共同感情，看作'民族'的基准……是一种混合性的中华民族概念"。作者认为齐思和关于民族的观点，超越了孙中山和斯大林在此问题上的认识。③

综上所述，目前学界对齐思和及其史学的研究，取得了一定的成就，但尚有继续研究的空间与必要。总的来说，这些成果主要集中在对齐思和的生平、史学成就的整体性回顾，以及对齐思和在某些史学研究领域的成就的研究，这些研究成果，对进一步深入研究齐思和及其史学成就具有重要的参考价值。然而，作为20世纪中国史坛上一名重要的史学家，目前对齐思和的研究，尤其是对齐思和的史学成就缺乏深入、系统的研究，也

---

① 石增银：《燕京大学历史学会初探》，硕士学位论文，华东师范大学，2006年。

② 李春雷：《留美生与中国历史学》，南开大学出版社2009年版，第208—215页。

③ ［日］松本真澄：《中国民族政策之研究——以清末至1945年的"民族论"为中心》，鲁忠慧译，民族出版社2003年版，第133—136页。

没有把齐思和与同时期的重要史家进行横向比较，进而评判齐思和在 20 世纪中国史学史上的地位与贡献，这不得不说是遗憾的。

三　研究思路

鉴于学界目前的研究现状，本书将研究重点置于两个方面：第一，全面、系统地梳理齐思和的史学成就，尤其是齐思和在中国古代史、中国近代史、世界古代中世纪史、世界近现代史、史学理论与史学史、中西交通史诸方面取得的突出贡献，以及齐思和博古通今、中西兼通的史学品格，探讨齐思和中西互动、重视比较的史学方法，梳理齐思和专精的考证功力、恢宏的史学视野。第二，将齐思和置于 20 世纪中国史学发展的大背景之下，分析齐思和在历史考证、历史解释等领域取得的突出成就，探求其史学风格，力求准确评价、定位齐思和在 20 世纪中国史学上的地位。全书共有六章，前有"绪论"，后有"结语"，具体章节安排为：

"绪论"部分，主要论述了本专题的选题旨趣、研究现状，以及笔者的研究思路和所要解决的问题。

第一章"齐思和的生平事略与师友交谊"，共分为两个部分，第一部分，简要阐述齐思和的生平事迹，考察其所处的时代背景、家世童年、求学道路、学术际遇以及如何走上学术研究道路，指出在时代剧变中，齐思和坚守学术研究，恪守学者节操，具有强烈的爱国主义精神。第二部分，梳理齐思和的师友交谊情况，主要探讨了齐思和与范文澜、洪业、顾颉刚等学者的交谊情况，分析了师友交谊对齐思和学术思想形成的影响。

第二章"齐思和在中国史研究领域的成就"，共分为两个部分，第一部分主要探讨了齐思和在先秦史研究领域的主要成就，包括西周地理变迁与锡命礼研究、战国制度研究、先秦农史研究三个方面。重点论述齐思和提出了"周族起源于渭水""战国时期是中国古代史上剧烈变动时期""战国变法始于魏"等重要学术论断。齐思和的先秦史研究，以其精深的考证功夫见长，在历史考证方面取得了突出的成就。第二部分阐述了齐思和在中国近代史研究领域的主要贡献，齐思和较早地运用外国史料研究鸦片战争，拓展了鸦片战争研究视野；齐思和还较早全面深入地进行魏源研究，他关于魏源研究的成果具有独到的眼光，被学术界认为是魏源研究的里程碑。齐思和还整理编纂了不少中国近代史资料，嘉惠学林，促进了中国近代史研究的进步。

　　第三章"齐思和在世界史研究领域的开拓",共分为三个部分,依次探讨了齐思和在世界中世纪史研究领域的奠基作用,在世界现代史研究领域的开拓性贡献,在中西交通史研究方面的突出成就。齐思和编著了新中国第一部世界中世纪史讲义,编纂整理了世界中世纪史料,是中国世界中世纪史学科的奠基人之一。齐思和是最早在中国开设世界现代史课程的学者,并编写了讲义,他还积极倡导美国史研究。齐思和是中国与拜占庭帝国关系史研究先驱,他还首次考证出了匈奴西迁的具体线路,分析了匈奴西迁后对欧洲的影响,凸显中西互证的深厚功力。

　　第四章"齐思和的史学批评活动与史学理论探索",分别阐述了齐思和的史学批评成就与史学理论探索的贡献。齐思和在 20 世纪三四十年代,十分重视史学批评,撰写了不少史学批评文章,形成了鲜明的史学批评旨趣、广阔的史学批评视野和突出的史学批评特点,这在中国近现代史坛上是十分突出的。齐思和重视史学理论问题的探讨,他撰写了一些史学理论方面的文章,编著《史学概论讲义》,注重融会贯通中西史学,在史学的性质、史料及其分类、旧史改造与通史编纂以及史家素养方面,提出了不少独到的见解。

　　第五章"齐思和在史学史研究领域的建树",主要就史学史研究的范围、中西史学史的分期与特点、论中国近代史学的发展趋势三个方面展开论述。齐思和认为史学史研究的范围包括史学思想、历史编纂方法、辅助学科和历史教育四个方面。他在中西史学比较的基础上,指出了中国史学史的分期与特点、西方史学史的分期与特点。齐思和是中国史学史上较早尝试中西史学比较的学者,彰显他中西兼通的治学特色。齐思和关注近现代史学发展,重视总结中国史学发展进程中出现的问题,并提出解决之道。他的《近百年来中国史学的发展》一文,纵论近百年来中国史学发展大势,详细地勾勒出中国近代史学发展脉络,比较中肯地评价了中国近代史学出现的主要史学思潮与流派,堪称是中国近代史学史上的名篇。

　　第六章"比较与会通:齐思和的史学风格",共分为两个部分,第一部分探讨了齐思和史学风格形成的时代背景、齐思和个人因素以及他在中华人民共和国成立后治学研究重心的转变。第二部分深入分析了齐思和史学风格的主要特点,主要探讨了齐思和谙熟中西比较、中西互证,形成了中西兼通的治史特色;齐思和还善于古今比较,不仅在中国史方面古今兼治,而且在世界史方面也做到了古今兼治;齐思和的学术生涯,取得了重要的史学成就，留下了丰硕的史学成果，包括学术研究与文献整理两个方面；齐思和精于历史考证，重视历史解释，尤其重视宏观历史问题的思考，注重史学理论问题的探讨，形成了微观研究与宏观思考相结合的治学特色。

结语"齐思和在中国近现代史学上的地位"，概述了齐思和的主要史学成就，分析了齐思和的治学特色，总结了齐思和的学术影响，在此基础上，把齐思和放在中国近代史学发展进程中考察，评价齐思和在中国近现代史学上的突出学术贡献与重要地位。

第一章

齐思和生平事略与师友交谊

英国著名学者 E. H. 卡尔说过："在研究历史之前，要研究历史学家"，而且"在研究历史学家之前，要研究历史学家的历史环境与社会环境。历史学家是个体，同时也是历史的产物、社会的产物；研究历史的人必须学会从这一双重的角度来看待历史学家"①。选择齐思和这个史学家作为个案研究的对象，就必须关注齐思和所处时代的政治、经济、文化、社会生活的历史面貌，尤其要关注齐思和作为历史的个体，其个人的家庭、生平、师友交谊等情况，梳理其一生的学术交谊情况，有利于分析他的学术思想形成的轨迹，对全面认识齐思和的史学风格与学术成就，都大有裨益。

一　生平事略

齐思和（1907—1980），直隶宁津（今山东省宁津县）人。1907 年，齐思和出生于宁津县宁津镇五胡同的一个乡绅家庭，祖父齐俊元是当地一位著名的开明绅士，他拥护维新变法，赞成革命，鼓励儿孙接受新式教育。② 齐俊元共育有五子，依次是齐国梁、齐国栋、齐国桢、齐国椿、齐国枢，齐思和为齐国梁独子。

齐国梁（1882—1968），号璧亭，是我国著名的教育家，尤其是女子教育方面的大家。齐国梁在父母的教育下，自幼勤奋好学，熟读经书，很早就中了秀才，他青年时期立志学习师范，笃定教育救国的信念。中学离开家乡到省会保定师范求学，求学期间他刻苦努力，期末考试总是全班第一。保定师范毕业后，齐国梁以优异的成绩考取官费留学日本广岛高等师

---

① ［英］E. H. 卡尔：《历史是什么？》，陈恒译，商务印书馆 2007 年版，第 133 页。

② 王志民等主编：《山东重要历史人物》，山东人民出版社 2009 年版，第 263 页。

范学校，学习师范教育，1915 年以优异的成绩结束了广岛高等师范的学习，获得学士学位。1915—1921 年，齐国梁任直隶第一女子师范学校校长，致力于女子教育事业。五四运动后，我国教育制度从学习日本经验转向重视学习欧美，面对新形势，为了办好女子师范教育，37 岁的齐国梁赴美深造，先进入美国斯坦福大学教育系本科学习，后来又考入哥伦比亚大学师范学院研究生院学习，1926 年获硕士学位后归国。1928 年出任河北省立女子师范学院院长，中华人民共和国成立后，出任河北省政协副主席，"文化大革命"期间受到迫害，死于天津。① 齐思和的母亲付玉姗（1881—1947），贤德勤俭，持家有方。齐国梁本人的经历与思想对子女教育，尤其是对齐思和的影响是显而易见的。譬如，齐国梁重视西式教育，在他的要求下，齐思和幼年就开始接受西方新式教育。

在近代中国，有不少史家的成长过程中，要么是自幼通过私塾这种传统家庭教育模式，在幼年打下良好的知识基础，如周一良。要么通过新式学校教育，自始至终走学堂教育模式，齐思和就属于后者。由于齐思和的父亲齐国梁本人是个教育家，他对子女的教育相当重视，也提倡接受新式教育。齐思和自幼接受新式教育，1915—1918 年在宁津县立小学读书。在此期间，齐国梁长期在外公干，两个未成年的女儿相继病故，齐思和的母亲精神受到很大打击，体弱多病，为了更好地照顾家人，1918 年齐国梁把齐思和母子接到天津居住。齐思和遂进入天津私立第一小学高小班。在这里，齐思和师从贾蓉绂学习古文，勤奋刻苦，颇受表扬。齐思和自幼酷爱读书，常常将有限的零花钱积攒起来勇于购买喜欢的书籍，每遇名篇，必反复背诵。在小学五年级的时候，齐思和曾利用暑假闲暇时间，圈点了一部《纲鉴易知录》，聪颖、勤奋的齐思和，在私立天津一小学习刻苦，得了优异的成绩，为日后的学习打下了良好的基础。② 1921 年齐思和以优异的成就考入南开中学，开始了六年的南开中学生涯。

张伯苓是中国近代著名的教育家，南开大学与南开中学均系张伯苓创办。张伯苓自幼接受新式学堂教育，青年时代抱定教育救国之志向，他先

---

① 齐文颖：《毕生从事师范教育的齐国梁先生》，中国人民政治协商会议天津市委员会文史资料委员会编《近代天津十二大教育家》，天津人民出版社 1999 年版。

② 齐文颖：《勤奋　创新　爱国——纪念先父齐思和先生百年诞辰》，《燕京学报》新第 26 期，北京大学出版社 2009 年版，第 313—324 页。

后多次到日本、欧洲、美国考察大学教育①，对欧美、日本教育制度有比较深入的了解，他本人具有强烈的爱国精神，注重教育对社会的改造作用，他认为："今之教育目的，在谋全社会的进步。""在以教育之力量，使我中国现代化，使我中国民族能在世界上得到适当地位，不受淘汰。"②提倡学习西方的现代教育体制，他在南开实行严格的新式学堂教育，注重文、理基础学科的教学，尤其英文教学，当时数理化课本都是英文版的。南开中学的全面性、重视外语、重视基础知识的教学，令齐思和受益匪浅，为他日后的学术生涯夯实了根基。

1927 年秋，齐思和在南开中学毕业，并以优异的成绩被保送到南开大学历史系。当时范文澜在南开中学、南开大学授课，开设国文、经学、文学、历史等课程，范文澜对齐思和指点颇多，齐思和逐渐对历史学入了门径，在经学方面也奠定了良好的基础，大学一年级时，他发表了第一篇学术论文《魏弁学术年代考》（载《南开》1927 年第 41 期）。"在南开中学及南开大学历史系一年级学习期间，直接受教于范文澜先生，并得到范老的真传，很快开始对历史学入了门径，特别在经学方面奠定了良好的基础。"③后来在范文澜的建议下，齐思和作为插班生，转学考入燕京大学历史系二年级。

1928 年 9 月，齐思和入燕京大学历史系，成为二年级的插班生。燕京大学是民国时期著名的教会大学，具有良好的学术声誉。由于司徒雷登个人的努力，燕京大学获得了哈佛燕京学社的资助，使燕京大学具有雄厚的经济实力，专家学者云集，燕京图书馆藏书丰富，校园环境优美，芳草如茵，湖光塔影，对于求知的青年学子有巨大的吸引力，当时北京高等教育界戏称"北大老，师大穷，燕京、清华可通融"，燕京大学设立了雄厚的奖学金，以此吸引莘莘学子。燕京大学历史系当时由洪业执掌，洪业先后聘请了陈垣、顾颉刚、张星烺、钱穆、邓之诚、容庚、张尔田、王桐龄、孟世杰等名师，还有不少外籍教师讲授西方语言、历史文化等课程。历史系不少课程都是由外籍教员用全英文讲授，不少教材也是英文的，尽

---

① 梁吉生：《张伯苓教育思想研究》，辽宁教育出版社 1994 年版，第 7 页。

② 《张伯苓教育言论选集》，第 118 页，参见梁吉生《张伯苓教育思想研究》，辽宁教育出版社 1994 年版，第 18 页。

③ 齐文颖：《勤奋　创新　爱国——纪念先父齐思和先生百年诞辰》，《燕京学报》新第 26 期，北京大学出版社 2009 年版，第 313—324 页。

管齐思和在南开打下了不错的英文基础，但是在燕京大学他才是第一次听外国人讲课。在这优越的读书环境中，齐思和如饥似渴地学习，"他注意吸取每位老师所长，就连哲学系冯友兰教授开设的哲学课，他也不错过，用心听讲"①。由于齐思和根底扎实，又勤奋好学，中英文俱佳，学习成绩拔尖，在历史系成为佼佼者。1928 年燕京大学历史系师生成立燕京大学历史学会，学会下设演讲股、参观股、文书、财务兼庶务股、研究兼出版股，同时编辑出版《史学年报》，齐思和负责研究兼出版股，同时兼任《史学年报》编辑部主任②，并且连选连任，直至 1931 年从燕京大学历史系毕业。后来在燕京大学历史系就读的翁独健、邓嗣禹、周一良、侯仁之、王钟翰等人，也曾担任《史学年报》主编。齐思和在大学期间主修先秦史，同时对考据学、西洋史、两汉史、史学方法等课程颇感兴趣。齐思和的同班同学，在《燕大年刊》上为齐思和的照片留言，评价齐思和在燕京大学的学习情况："于学无所不窥，上自群经诸子，下至康、梁、胡、顾，每读一书，必有新奇问题发现，尤其精于考证学、史学方法和两汉历史。"③ 大学期间，齐思和在中国古代史方面奠定了扎实的功底，尤其是在历史考证方面，功力渐长，为以后的史学研究创造了条件。

1931 年夏，齐思和以优异的成绩从燕京大学历史系毕业，获得金钥匙奖，他的毕业论文《黄帝制器的故事》（见《史学年报》1934 年第 2 卷第 1 期）。获得好评，英国著名学者李约瑟在其名著《中国科学技术史》一书中，充分肯定了齐思和在这方面的研究成果，并加以吸收。

齐思和大学毕业的当年，时值美国哈佛燕京学社在中国和美国各设置一名全额奖学金，互换学生，计划挑选中国学习成绩优异、有培养潜力与发展前途的应届毕业生，赴美国哈佛大学研究生院就读，但是必须保证在四年内拿到哈佛博士学位，否则以后将不再继续互换。当时燕京大学虽然有不少教师是毕业于国外大学的博士、硕士，但是没有一位在哈佛就读过。哈佛大学是世界名校，能够与哈佛大学结缘，这个机会千载难逢，也是提升燕京大学学术地位的一个机会，经过燕京大学再三评选，决定选派

---

① 齐文颖：《勤奋 创新 爱国——纪念先父齐思和先生百年诞辰》，《燕京学报》新第 26 期，北京大学出版社 2009 年版，第 313—324 页。

② 见《史学年报》第 1 期封底，1929 年 5 月。

③ 参见戚国淦、寿纪瑜《历史学家齐思和》，《文献》1991 年第 3 期。

历史系应届毕业生齐思和到哈佛大学就读。当时齐思和非常执拗，不肯去，认为"我学中国史，到美国读书做什么"。最后执掌历史系的洪业找到齐思和的父亲齐国梁，让他做齐思和的思想工作，在父亲以及老师们的反复劝说下，齐思和才下定了到哈佛就读的决心。临行前，洪业老师建议齐思和"既然到美国哈佛大学，就要学他们最拿手的美国史，以及教授们的特长和史学方法"①。

1931 年秋，齐思和带着燕京大学许多恩师的期许，带着对学术事业的憧憬，只身远赴大洋彼岸，入哈佛大学历史系研究部。20 世纪 30 年代的哈佛大学历史系，处于黄金时代，名师荟萃，知名教授云集。美国史大师如莫里斯、施莱辛格，国际关系史权威兰格，英国史专家艾伯特等，当时均执教哈佛历史系。哈佛大学图书馆藏书丰富，仅次于美国国会图书馆，并且校园周边书店林立，学术氛围浓郁。齐思和充分利用哈佛的学术优势，主修美国史，辅修英国史、政治思想史、史学方法、世界古代中世纪史、西洋现代史和国际关系史等课程。当时哈佛大学学制规定十分严格，要求学生必须在拿到硕士学位前提下，才能攻读博士学位。齐思和作为燕京大学与哈佛大学的交换生，协议规定必须在 4 年内拿到博士学位，否则以后将不再与燕京大学合作交换，这对齐思和的压力可想而知。作为留学生，哈佛大学规定，必须各门功课都取得优秀，并且通过德文、法文的相关考试，才能取得下一年度的奖学金。当时有部分美国学生对中国人抱有偏见，齐思和十分愤慨，他下决心要为中国人争口气，为此他几乎放弃了全部休息时间，周末都在图书馆勤于学习。辛勤的付出终于得到回报，齐思和获得美国史大师施莱辛格的青睐，他回国后，施莱辛格还来信表示关心。在以对学生严格著称的莫里斯班上，齐思和因为成绩优异，第一次作业就被评为"Good English"②。通过不懈的努力，齐思和在 1933 年7 月获得哈佛大学历史科文学硕士学位，1935 年获得哈佛大学历史科哲学博士学位。如果说齐思和在南开中学（大学）、燕京大学打下了坚实的中国史及史学方法的基础，哈佛大学则进一步使他掌握外国史及西方史学方法，为今后中西兼通的史学风格的铸就，在知识与方法方面奠定了基础。

---

① 齐文颖：《勤奋　创新　爱国——纪念先父齐思和先生百年诞辰》，《燕京学报》新第 26 期，北京大学出版社 2009 年版，第 313—324 页。

② 齐文心：《先父齐思和生平及著作简述》，《农业考古》2000 年第 3 期。

　　1935 年秋，齐思和从哈佛大学毕业，回到了阔别四年之久的祖国。当时燕京大学希望他能回母校工作，但是齐思和希望到国立大学工作，因为他在国内读书阶段，无论是南开大学还是燕京大学，都属于私立，他自己想换个环境。于是归国后受聘为北平师范大学历史系副教授，翌年转为教授。齐思和在北平师范大学历史系开设两门课程："史学概论"和"美国史"，直至卢沟桥事变抗日战争爆发。在师大的两年中，齐思和平易近人，给学生留下了深刻印象，有学生后来回忆道："原以为将要任课的这位美国博士青年教授，必然是西服笔挺，神气十足，但是，当先生来到课堂，身着中式长衫青鞋白袜，安详而庄重，平易近人。"① 当时，在北平师范大学历史系，有三门课最受学生欢迎，分别是陈垣先生开设的"史学名著评论"、齐思和的"史学概论"和邓之诚先生的"秦汉史"。"讲授'史学概论'，本是一门比较高深的课程，不易引人入胜，但是先生讲起来，旁征博引，条理分明，不蔓不枝，娓娓动听，给我们编的讲义，搜集中外历史学家论史要点，加以比较衡量，提出自己独到的见解，不仅扩大了同学们的眼界，更启发了学生在搜集史料、选择专题、深入钻研方面得到初步门径。""课后，常常有学生到教授休息室问长问短，先生总是不厌其详地一一作答，所以师生间能够建立深厚感情，赢得同学们的敬爱，绝非偶然。"② 1936 年，北平师范大学历史系成立史学会，并筹备创办史学刊物——《历史教育》，齐思和在燕京大学历史系读书时，曾担任燕京大学历史学会会刊《史学年报》的主编，有丰富的编辑经验，故被历史系师生推举为《历史教育》杂志编委，1937 年《历史教育》杂志正式刊发，《历史教育》具体编辑工作由北平师范大学史学会编审委员会主持，编审委员会主要由历史系师生组成，教师编委有李飞生、陆懋德、齐思和、熊梦飞、何竹淇五人，李飞生担任主编。《历史教育》是当时国内首个以历史教育为刊名的专业学术刊物③，在筹办过程中，齐思和付出了不少心血。

　　除了在北平师范大学历史系专任教师，齐思和还同时在燕京大学、

---

　　① 万福增：《桃李春风华雨滋——回忆致中师在北平师范大学讲课的片段》，1997 年稿本。转引自齐文心《先父齐思和生平及著作简述》，《农业考古》2000 年第 3 期。

　　② 同上。

　　③ 李飞生：《历史教育》发刊词，1937 年第 1 期。

北京大学和清华大学兼课，他在北京大学开设美国史，在燕京大学开设中国上古史①，在清华大学开设西洋现代史。在北平四大名校同时开设四门不同的课程，除了中国上古史外，美国史、西洋现代史等课程属国内首创。1937 年 5 月，北京大学文学院院长胡适亲自聘请齐思和为北京大学历史系专职教授，齐思和欣然接受，不料尚未来得及赴任，卢沟桥事变爆发，北平沦陷。国立大学先后外迁，北京大学南迁云南，北平师范大学西迁陕西，齐思和父亲齐国梁随河北省立女子师范学院也迁往西北。齐思和因是家中独子，父亲远去西北后，母亲独居天津，体弱多病，行动不便，无人照料，无奈之下，齐思和放弃了随北京大学南下的计划，留下来照顾母亲。日军占领北平后，伪北大和伪北师大先后高薪聘请齐思和为教授，被他断然拒绝。为了养家糊口，摆脱日伪控制，齐思和投奔母校燕京大学，燕京大学属于美国教会创办的私立大学，当时不受日伪控制。②

　　1937 年 7 月直至 1941 年太平洋战争爆发，日军占领燕京大学，齐思和一直在燕京大学任教。其间，他在燕大历史系先后开设的课程有"中国上古史""春秋史""战国史""西洋通史""西洋现代史""史学名著选读"等。其中"西洋现代史"能突破日军的新闻封锁，向学生宣传当时世界形势，以及战争最新进展的消息，学生们将此课程视为了解外部世界的窗口，无论是文科、理科，有很多人选修，盛况空前，十分轰动。齐思和是在中国开设外国现代史的鼻祖，也是中华人民共和国成立前唯一一个在中国开设外国现代史课程的学者。③戚国淦先生曾回忆道："当时孤悬在沦陷区的燕大，消息隔绝，齐思和先生大力搜集资料，分析综合，帮助学生了解第二次世界大战的形势发展，深受欢迎，穆楼大阶梯教室经常座无虚席。"④除了利用课堂的讲课，坚守民族立场外，齐思和还积极响应

---

① 除了聘任齐思和为兼任老师外，当时还聘请了韩儒林、冯家昇、谭其骧、侯仁之等。顾潮：《顾颉刚年谱》，1936 年 8 月 17 日，中国社会科学出版社 1993 年版，第 256 页。

② 齐文心：《先父齐思和生平及著作简述》，《农业考古》2000 年第 3 期。

③ 齐世荣：《在纪念齐思和百年诞辰学术研讨会上的讲话》，参见齐小玉整理《道德文章高山仰止——"纪念齐思和先生百年诞辰学术研讨会"纪要》，《云梦学刊》2007 年第 6 期。

④ 齐文颖：《纪念我的父亲齐思和》，《燕大文史资料》第 5 辑，北京大学出版社 1999年版。

抗日号召，1938 年他还为晋察冀抗日根据地组织捐赠过药品。[①]

　　1941 年 12 月 7 日，太平洋战争爆发后，日军强占燕京大学，燕京大学被迫关闭。面对凶险的时局，齐思和坚守民族大义，他再次拒绝日伪的威逼利诱，坚决不与日伪合作。为了谋生，齐思和于 1942 年春应聘到私立中国大学政治经济系，被聘为教授，主讲"中国通史""西洋通史"等课程。中国大学校长何其巩，是一位爱国人士，北伐后曾任北平市市长。1943 年在齐思和的主持下，中国大学成立历史系，齐思和出任系主任，当时不少燕京大学历史系教授，因为失业，生活没有着落，不少人来投奔中国大学，如翁独健、徐宗元、孔繁霱等。当时北平物价飞涨，齐思和一家八口生活难以为继，为了补贴家用，经人介绍，齐思和又到天津工商学院兼职，讲授世界现代史、中国通史、现代政治制度史、中国经济思想史等课程，每周一、二、三在天津，每周四、五、六在北平，往返奔波于平津之间，当时火车经常晚点，出事故，齐思和又被迫辞去了天津工商学院的教职。在沦陷区，齐思和度过了最艰难的时刻，为了养家糊口，他冒着风险，不惜两地奔波。即使如此，他也不忘民族大义，始终坚守不与日伪合作的底线，展现出崇高的民族气节。[②]

　　1945 年 8 月，日本侵略者无条件投降，抗战胜利。10 月，燕京大学复校，齐思和一家返回燕南园居住。复校后，陆志伟与洪业等人商定，凡是在北平沦陷期间与日伪合作的燕京大学教授，复校后一律不再聘用，而在沦陷期间坚持民族气节、受尽各种痛苦的人员，则一律复职。复校后，齐思和出任历史系主任，后兼任文学院院长，并担任《燕京学报》主编，当时编委有陆志伟、张东荪、聂崇岐、翁独健、高明凯等。《燕京学报》创刊于 1927 年，是燕京大学主办的人文社会科学学报，每年刊出两期，每期都有英文摘要，讲求学术规范，印制精良，是当时国内学术界有较高水准与声誉的学术刊物。此前，著名学者容庚、顾颉刚曾先后担任主编。中华人民共和国成立前，《燕京学报》《清华学报》《中央研究院历史语言所集刊》《国学季刊》被公认为"四大国学刊物"，享誉国内外学术界，1951 年 6 月，全国高校调整，燕京大学文科院系并入北京大学，《燕京学报》停刊。在《燕京学报》历任主编中，齐思和是任期最长的一个。

---

①　齐文心：《先父齐思和生平及著作简述》，《农业考古》2000 年第 3 期。

②　杨俊光：《齐文颖先生访问记》，《北大芙蓉园》2012 年 5 月 22 日。

1945 年至 1949 年中华人民共和国成立，是齐思和学术事业的巅峰期，这期间环境相对稳定，他撰写了大量的学术论文。这一时期，齐思和与聂崇岐等人创办了《大中》杂志，宣布政治中立，然而国民党仍然不放心，国民党政府北平行辕，以"资助"的名义，想收编《大中》杂志，齐思和与聂崇岐宁可不办，也不接受国民党当局的"资助"，因而《大中》只办了四期就停刊了。此外齐思和还拒绝了国民党"国大代表"选举的邀请①，拒绝参与腐败的国民党政治活动。在此期间，齐思和还多次向解放区捐款、捐药，支援解放战争。1947 年，英国牛津大学聘请他到该校任教，讲授中国古代史，待遇优厚，当时给齐思和全家买齐了 8 张机票，齐思和为了把学识都奉献给祖国，婉言谢绝了牛津大学的聘请。

1949 年 10 月，中华人民共和国成立。在北平解放前夕，某位重要学者多次邀请齐思和到台湾，共同主持台湾大学历史系，齐思和没有答应。之后美国哈佛燕京学社邀请齐思和到哈佛大学任教，也被齐思和谢绝。②齐思和与大多数知识分子一样，对未来新中国的建设，充满期望。中华人民共和国成立后，燕京大学作为美国教会主办的私立大学，国家并没有马上就进行接管，而是允许使用国外资金继续办学，毛泽东还亲自给陆志伟颁发燕京大学校长的聘书。

但是，1950 年 10 月朝鲜战争爆发后，形势发生了变化。国内在高校和知识分子集中的单位，开展批判"亲美、崇美、恐美"思想的运动，燕京大学受到极大冲击，作为留学美国，哈佛毕业的博士，又在燕京大学担任要职，齐思和受到严厉批判，并且在数月中，都未予安排工作，齐思和承受着极大的压力。③ 1952 年，中央政府下令，"全国高等学校进行院系调整"，燕京大学不在保留，大部分科系并入北京大学，燕京大学历史系、清华大学历史系和中法大学历史系，整体并入北京大学历史系，新的北京大学整体迁入燕京大学，翦伯赞出任新的北京大学历史系主任。翦伯赞和范文澜会商，合理安排齐思和的工作，齐思和任北京大学历史系教授。由于当时齐思和的工作尚未落实，翦伯赞安排当时有类似遭遇的北京

① 萧良琼：《在史学上独辟蹊径的齐思和先生》，《燕京学报》新第 6 期，北京大学出版社 1999 年版，第 243—256 页。

② 齐文颖：《勤奋　创新　爱国——纪念先父齐思和先生百年诞辰》，《燕京学报》新第 26 期，北京大学出版社 2009 年版，第 313—324 页。

③ 张传玺：《翦伯赞传》，北京大学出版社 1998 年版，第 255 页。

大学历史系教授聂崇岐、北京师范大学历史系教授刘启戈，加上齐思和，三人合编一部大型《中外历史年表》。① 在《中外历史年表》的编纂过程中，齐思和起到了举足轻重的作用，齐思和谙熟中国古代史，留学美国四年，攻读美国史，回国后有长期执教西洋史，有着雄厚的知识积累。聂崇岐是中国古代史名家，致力于宋史研究。刘启戈曾翻译海斯等人的《世界通史》，在外国史方面有一定的造诣。1958 年，《中外历史年表》出版，深受读者欢迎，此后先后再版多次。与此同时，齐思和服从组织安排，担任世界古代史教研室主任，主要负责世界古代史的教学工作，并且开始编写《世界中世纪史讲义》，1957 年，作为我国第一部中世纪史讲义教材，齐思和编著的《世界中世纪史讲义》出版问世，有效填补了这个学术空白。除了编写工具书、教材方面的贡献，齐思和在此期间还参与了中国史学会组织的《中国近代史料丛刊》的编纂工作，在范文澜、翦伯赞等人组织下，齐思和负责《鸦片战争》（6 册）、《第二次鸦片战争》等历史资料的编纂工作，并圆满完成了任务。

20 世纪 50 年代，国内政治运动接二连三，北京大学作为著名学府，因其特殊地位，往往使其处在政治运动的风口浪尖上，加上齐思和以前担任过燕京大学文学院院长、历史系主任等职务，解放初期被认为是"骂人团"成员，属于"资产阶级知识分子"，自我批判和被点名批判都是极为常见的事情。② 为了减少政治运动的影响，齐思和常常把讲授世界史基础课的机会让给青年教师。当时，恰逢南开大学缺世界古代史教师，希望北京大学支援，齐思和欣然接受，有一段时间，齐思和每周都要坐两次火车到天津南开大学讲课，风尘仆仆往返于京津之间。③

1960 年，齐思和因患糖尿病和眼玻璃体混浊，经北京大学批准照顾，他赴青岛疗养院休养一年。1961 年，教育部召开全国文科教材会议，开始编写世界史教科书，决定由周一良、吴于廑担任主编，根据分工齐思和负责编写上古史部分，这是我国第一部由集体编写的多卷本世界通史教科书，由于负责世界上古史部分的撰稿者多为中青年教师，齐

---

① 张传玺：《翦伯赞传》，北京大学出版社 1998 年版，第 255 页。

② 马克垚：《忆齐思和先生》，《北大史学》第 13 辑，北京大学出版社 2008 年版，第 505—510 页。

③ 同上。

思和付出了较多心血，他细心策划、周密安排，出色完成了组织上安排的任务。与此同时，齐思和还致力于编写世界中世纪史的基本史料，他负责《世界史料丛刊》的中世纪部分，先后编写了《中世纪初期的西欧》和《中世纪晚期的西欧》两个分册。同年，吴晗发起编辑《外国历史小丛书》，吴晗任总编辑，聘请齐思和为副总编辑，由于吴晗担任北京市副市长，社会活动频繁，实际工作主要由齐思和负责，他亲自组织稿源、审阅稿件，先后出版了多种普及世界历史知识的读物，为历史知识社会化作出了贡献。

"文化大革命"期间，齐思和历尽坎坷，家中的藏书、信件、日记等散失殆尽。粉碎"四人帮"之后，齐思和眼睛几乎失明，行动不便，但仍不忘学术。他在病榻上完成了《第二次鸦片战争》中的外文书籍解题 20 篇。还发表了《匈奴西迁及其在欧洲的活动》和《我国古代的四大发明和对西方的影响》。"他当时双目失明，但是凭借超强的记忆力，家里哪本书放在书架的什么位置，他都记得清清楚楚，书中的内容他也如数家珍。在家人的协助下，他计划撰写一部《世界中世纪民族大迁徙》，但是年老体衰，病痛不断，最终没有最后完成，已完成的部分，从一到十章，约有十万字。"[1] 1980 年夏，齐思和因病去世，为后人留下了丰硕的史学著述。

二　师友交谊

（一）齐思和与范文澜

范文澜（1893—1969），字仲云，浙江绍兴人，著名的马克思主义史学家。范文澜曾在南开大学、北京大学、北京师范大学、中国大学、辅仁大学等校任教，主编《中国通史简编》，著有《中国近代史》（上册）、《历史考略》《群经概论》《水浒注写景文钞》《文心雕龙注》《太平天国革命运动》《范文澜史学论文集》等。1922—1927 年，范文澜应张伯苓聘请，在南开任教。[2] 范文澜具有深厚的国学根底，在南开期间，讲授"中国文学史""文论名著"（分《文心雕龙》《史通》《文史通义》三种）和"国学要略"（分《群经概论》《正史考略》《诸子略议》

---

[1]　齐文心：《先父齐思和生平及著作简述》，《农业考古》2000 年第 3 期。

[2]　陈其泰：《范文澜学术思想评传》，北京图书馆出版社 2000 年版，第 26 页。

三部）。①

　　1921—1928 年，齐思和在南开求学，其间范文澜曾任南开中学及南开大学教师，他讲授的内容，使好学深思的齐思和得益匪浅。齐思和还受范文澜先生的启迪，开始研究清儒学派，这更为他后来治学打下了一定的基础。齐思和尤其在经学方面深受范文澜影响，并且这种影响终其一生，"在南开中学及南开大学历史系一年级学习期间，直接受教于范文澜先生，并得到范老的真传，开始对历史学入了门径，特别在经学方面奠定了良好的基础"。"后来在范老的建议下，转学考入燕京大学历史系二年级，插班学习。"②

　　中国经学史上，今古文之争是一个不容回避的问题，其中有不少又是不同学派的门户之见。范文澜先后受教于古文学家刘师培、黄侃，今文学家崔适、钱玄同，同时还是打通今古文学的陈汉章的学生。广阔的师承，使范文澜能够不拘泥于传统今古文之争的门户偏见，他在不同学派的论争中，比较分析，作出超越一家一派的综合探讨，完成《群经概论》一书。在沟通经今古文之争，以超然的态度面对传统学派鸿沟，在这一点上，齐思和深受范文澜的影响。在一篇文章中，齐思和提及"今后研究经学，须利用现代科学，为客观的整理，不特今古之争不当有，即汉宋之争亦不可存，须实事求是，一扫墨守家法之陋习。学派之偏见既去，公论自出矣"③。除了在经学思想方面深受范文澜影响之外，齐思和在古史分期问题上，与范文澜的观点大体相仿。

　　"在中国古代史研究中，齐思和与范文澜还有某些相通之处。"④ 古史分期问题，在 20 世纪五六十年代是史学领域五大热门话题之一。范文澜旗帜鲜明地主张"西周封建论"，齐思和虽然当时没有写文章参加论争，但是早在 20 世纪三四十年代，齐思和就写了一系列有关西周封建制度的文章，如《封建制度与儒家思想》《周代锡命礼考》《西周时代

---

　　①　参见中国社会科学院近代史研究所编《范文澜同志生平年表》，《范文澜历史论文选集》，中国社会科学出版社 1979 年版。

　　②　齐文颖：《勤奋　创新　爱国——纪念先父齐思和先生百年诞辰》，《燕京学报》新第 26 期，北京大学出版社 2009 年版，第 313—324 页。

　　③　齐思和：《中国史探研》，河北教育出版社 2003 年版，第 532 页。

　　④　萧良琼：《在史学上独辟蹊径的齐思和先生》，《燕京学报》新第 6 期，北京大学出版社 1999 年版，第 243—256 页。

之政治思想》和《西周地理考》等，从多方面论证了西周时代的地理、政治思想和文化制度，他从中西比较的视角，认为："西周时代为中国封建制度之正式开始，其政治、经济、社会制度与西洋中古社会颇具根本相同之点，其所不同者，仅枝节问题，此则以西周为时较早，与夫历史背景之不同耳。"① 1980 年齐思和将当年的有关文章收入《中国史探研》时，未作任何修改，这表明他坚持"西周封建论"的观点未作改变。

（二）齐思和与洪业

洪业（1893—1980），福建福州人，是中国近现代史上的著名学者、教育家。洪业青年时期留学美国，毕业于美国俄亥俄州卫斯良大学，获历史学硕士学位，是一位致力沟通中西文化的学者。洪业与燕京大学渊源颇深，他长期担任燕京大学教务长、历史系主任，为燕京大学的发展作出了不小贡献。尤其是在燕京大学历史系，洪业注重留意栽培有学术潜质的学生。"他要求学生头脑清楚，而且有作学术探讨所需要的独立精神。发现这样的学生，他便刻意加以奖励，教他们怎样抓住学术问题的要点，不受细节困惑，大胆地作假设，再试试看假设经不经的起考验；并怎样有条理的、有说服力地提供结论。""对特别可造就的学生，洪业鼓励他们学习外语，帮助他们出国深造，他的目标是培养一群具有世界眼光的中国历史学家，寄希望这新一代的学者能对庞大的中国文化遗产有所发现，把该保存的东西保存下来。"②

为此，洪业在燕京大学历史系发掘了一批青年史学才俊，并大力栽培他们。"他培养历史人才是很有计划的，主要是断代史。他鼓励学生郑德坤研究考古，齐思和研究春秋战国，瞿同祖研究汉代，周一良研究魏晋六朝，杜洽研究唐代，冯家昇研究辽代，聂崇岐研究宋代，翁独健研究元代，王伊同研究南北朝，方兆楹、杜联喆夫妇和王钟翰研究清代。此外它还栽培了治佛教史的陈观胜，治方志学的朱士嘉，治海上交通史的张天泽，研究各种制度的邓嗣禹，这些学生后来对重估中国文化都很有贡献。"③

---

① 齐思和：《中国史探研》，河北教育出版社 2003 年版，第 80 页。

② ［美］陈毓贤：《洪业传》，北京大学出版社 1996 年版，第 119 页。

③ 刘子健：《洪业先生：广为人知的史学家和教育家》，（台北）《历史月刊》1989 年第17 期。

齐思和就是被洪业发掘出来的"可造之才",在燕京大学学习期间,齐思和深受洪业的影响。[①] 洪业在燕京大学历史系主讲"初、高级历史研究法"[②],他十分注重史料的搜集、整理,曾为燕京大学采购了许多古籍和史料,并领导编纂了大量古籍的"引得",以方便学者查用。他主张青年学生在研究中国国学方面,不应该完全因袭中国旧式治学道路,而应吸取西方治学方法,探求新的研究途径,在他的规划下,哈佛燕京学社先后资助多位优秀青年学生赴哈佛大学学习,而齐思和则是第一位。1931年齐思和从燕京大学毕业,因为成绩优异,被洪业挑中,作为被保送去哈佛大学留学的候选人,齐思和知道后,坚决不去,齐认为研究中国史,到美国去读四年,是浪费时间。洪业苦口婆心,最后让齐思和的父亲齐国梁劝说,齐思和才勉强答应。[③] 在齐思和临行前,洪业反复嘱咐他"既然到美国哈佛大学,就要学他们最拿手的美国史,及教授们的特长和史学方法"[④]。齐思和不负众望,四年后顺利拿到哈佛大学博士学位回国。1941年太平洋战争爆发,日军强占燕京大学,洪业因为拒绝与日本侵略者合作,被日本人逮捕入狱,直至1945年日本投降。1945年10月燕京大学复校,司徒雷登、陆志伟、蔡一谔、洪业等决定,对抗战期间与日伪合作的燕京大学教授,一概开除。复校后,由洪业举荐,齐思和出任燕京大学历史系主任,1946年洪业离开燕京大学赴美后,齐思和出任燕京大学文学院院长。

中华人民共和国立后,尽管远隔重洋,但是齐思和与洪业的这份师生情谊,却依然没有隔绝。20世纪60年代初,洪业得知齐思和一家生活困苦,不顾自己生活也不宽裕的情况,还设法接济齐思和。"1960年至1962年三年自然灾害期间,洪业听说他的一个得意的学生齐思和,一向被称为齐胖子的,瘦了很多。刚巧新加坡《南洋商报》编辑连士升,是燕大校友,也是齐思和的好朋友,请洪业撰稿,洪业便写了《我怎么写杜甫》

① 萧良琼:《在史学上独辟蹊径的齐思和先生》,《燕京学报》新第6期,北京大学出版社1999年版,第243—256页。

② [美]陈毓贤:《洪业传》,北京大学出版社1996年版,第177页。

③ 杨俊光:《齐文颖先生访问记》,《北大芙蓉园》2012年5月22日。

④ 齐文颖:《勤奋 创新 爱国——纪念先父齐思和先生百年诞辰》,《燕京学报》新第26期,北京大学出版社2009年版,第313—324页。

一文，叫连士升把稿费拿去买些食用油及肉干寄往北京给齐思和。"①
1980 年夏，齐思和长女、北京大学历史系教授齐文颖访问哈佛大学，拜
访了已经耄耋之年的洪业，洪业与齐文颖以及同来的侯仁之彻夜长谈②，
一叙旧情，洪业先生回忆当年齐思和在燕京大学的学习、从教时光，不免
感慨万千。在史学研究方面，洪业对齐思和的影响，似乎主要在史学方法
与治学思路方面，洪业在燕京大学任教期间，主要讲授"史学方法""高
级历史方法""历史教授法"③，洪业本人早年也留学美国，对《史通》、
基督教史都有过研究，也具有兼通中西的趋向，从齐思和以后的治史趋向
来看，齐思和对史学方法还是格外重视，并且铸就了中西兼通的史学风
格，这与洪业早年的引导与启发密不可分。

（三）齐思和与顾颉刚

顾颉刚（1893—1980），原名诵坤，字铭坚，江苏吴县人，是中国近
代学术发展史上有着重要影响的一位学者，著名历史学家、民俗学家。齐
思和在燕京大学读本科时，曾师从顾颉刚，齐思和的本科毕业论文就是在
顾颉刚的启发与指导下完成的，从 1929 年起，齐思和便开始了与顾颉刚
长达近半个世纪的师生之谊。

《顾颉刚日记》中共有 154 处有关齐思和的记载，从 1929 年至 1979
年，时间跨度 50 年，可见二人渊源之深，交往之频繁。如果以《顾颉刚
日记》为参照系，加上其他史料，可以略窥二人人生轨迹之演变，以及两
位学者的大致交往情况。在二人长时间的交往中，有两个时间段来往较之
平时更为密切，首先是 1929—1939 年，《顾颉刚日记》有 90 余处记载二
人交往；其次是 1951—1955 年，《顾颉刚日记》共有近 30 处提及齐思和。

1929 年 9 月，顾颉刚到北京，任燕京大学国学研究所导师、学术会
议委员、历史系教授，讲授"中国上古史研究"课程，并且编有讲义。④
又在北大兼课，主编《燕京学报》。自到燕大后，顾颉刚专心于古史研
究，决定对旧系统的古史作出清理，先后撰写了不少这方面的论文，如
《〈周易卦爻辞〉中的故事》《论〈易系辞传〉中观象制器的故事》《五德

---

① ［美］陈毓贤：《洪业传》，北京大学出版社 1996 年版，第 119 页。

② 同上书，第 179 页。

③ 参见《北平私立燕京大学一览》，燕京大学，1931 年，第 59 页。

④ 顾潮：《我的父亲顾颉刚》，人民出版社 2010 年版，第 130 页。

终始说下的政治和历史》《洪水之传说及治水之传说》等。治史过程中，顾颉刚曾以很大的精力研究《尚书》，发现其中《禹贡》等部分牵涉问题很多，必须进行全面的历史地理研究，才能搞清有关问题。这样，顾颉刚于 1933 年在北大和燕大开设了"中国古代地理沿革史"课。1935 年初，顾颉刚离开燕京大学，担任北平研究院史学研究会历史组主任。从 1929 年 5 月至 1935 年初，顾颉刚在燕京大学历史系任教近 5 年，齐思和 1928 年入燕京大学历史系，1931 年夏毕业离校，顾颉刚与齐思和在燕京大学历史系有 3 年的交往，此时期的交往开启了顾颉刚与齐思和毕生的师生之谊。

在燕京大学历史系，顾颉刚讲授"中国上古史研究"，他讲课常常旁征博引，见解频出，很受学生欢迎。顾颉刚还鼓励学生独立思考，尤其鼓励学生提出新见解，遇到报纸杂志上发表了不同于他的学术观点，他常在课堂上引导学生展开讨论，各抒己见，从而激发学生独立思考能力。当时燕京大学学术气氛浓厚，师生之间可以在学术上平等对话。1929 年，顾颉刚发表《〈周易卦爻辞〉中的故事》（《燕京学报》第 6 期），次年又作《论〈易系辞传〉中观象制器的故事》，这两篇文章都在课堂上讲过，齐思和对此极感兴趣，在他主编的《史学年报》第 1 卷第 3 期发表了《与顾颉刚师论〈易系辞传中观象制器的故事〉书》，文中说道："自从先生授古史，对古史极感兴趣，年来仿先生之法，聚集古史资料研究其流变，始知人家之五帝系由天上之五帝变来，而天上之五帝，又系天文家之说脱衍而出。"[1] 文中对顾颉刚的《论〈易系辞传〉中观象制器的故事》提出不同意见。后来齐思和又撰写了《五行说之起源》，"这篇文章是受顾颉刚先生《五德终始下的政治及历史》一文的启发，进而探索五行说的起源问题"[2]。在《五行说之起源》一文中，齐思和认为原始五行说"由五种实物，寖假而兴五行祀，已渐有神秘意味"。然而这与后来的五德说尚远，"自星象家之采取，始渐成一玄妙之哲学系统"。"五行之方位，亦出自天文家之主张。"[3] 这些主张都与顾颉刚的课堂教学、课下指导密不

---

① 齐思和：《与顾颉刚师论〈易系辞传中观象制器的故事〉书》，《史学年报》第 1 卷第 3 期。

② 萧良琼：《在史学上独辟蹊径的齐思和先生》，《燕京学报》新第 6 期，北京大学出版社 1999 年版，第 245 页。

③ 齐思和：《五行说之起源》，《师大月刊》1936 年第 6 卷第 22 期。

可分。

1929 年秋，顾颉刚在燕京大学历史系开设"《史记》通论"，作为插班生刚刚入校的齐思和，即选修了此门课程，对此《顾颉刚日记》有详细的记载，"十月七号，到校，上课两小时，讲《史记》通论……我的学生：研究院学生：朱士嘉、李镜池，本科生：韩叔信、齐思和……"① 26 年后，即 1955 年顾颉刚整理《史记》及"三家注"，为此写信给齐思和，讨论司马迁在世界史学上的地位，齐思和不久就写了回信。② 后来齐思和应顾颉刚之要求，在司马迁诞辰 2100 周年之际，撰写了《〈史记〉产生的历史条件和它在世界史学上的地位》③，从中西比较的角度，突出了司马迁在世界史学中的地位。

齐思和对先秦史的研究兴趣，很大程度是受顾颉刚的影响。"他的毕业论文《黄帝的制器故事》，就是在顾颉刚的亲自指导下完成的。"④ 后来发表在《史学年报》1934 年第 2 卷第 1 期，发表后获得国内外学术界好评，英国著名学者李约瑟在其名著《中国科学技术史》一书中，充分肯定了齐思和在这方面的研究成果，并加以吸收采用。《黄帝的制器故事》一文，引用大量不同时代的文献记载，文章最后得出结论："战国之世，黄帝虽成为古史传说的中心人物，尚无制器之说。自韩非倡古圣王以制器而为人民举为天子之说，于是圣王制器故事遂集中于黄帝；于是黄帝制器之故事愈演愈繁矣。"⑤ 不难看出，齐思和在当时深受顾颉刚"疑古"学说的影响，其本科毕业论文《黄帝的制器故事》旨在论证"层累的古史说"，指出黄帝制器的故事在古史传说的层累积淀过程。20 世纪 40 年代末，作为"古史辨"派创始人顾颉刚的学生，齐思和在一篇文章中谈到了对"古史辨"派的看法，并且对古史辨运动作了客观、公允的评价。他指出："古史辨运动可以象征五四的史学，那么中国社会史论战便可象

---

① 顾颉刚：《顾颉刚日记》第二卷（1927—1932），台北联经出版事业公司 2007 年版，第 330 页。

② 顾潮：《顾颉刚年谱》，中国社会科学出版社 1993 年版，第 356、572 页。

③ 齐思和：《〈史记〉产生的历史条件和它在世界史学上的地位》，《光明日报》1956 年 1 月《史学专刊》。

④ 萧良琼：《在史学上独辟蹊径的齐思和先生》，《燕京学报》新第 6 期，北京大学出版社 1999 年版，第 245 页。

⑤ 齐思和：《黄帝的制器故事》，《史学年报》1934 年第 2 卷第 1 期。

征北伐后的新史学。""顾颉刚先生的原文中，不免有许多武断的见解，重大的错误，但是他的'层累的古史观'是驳不倒的。""这场空前的学术界的大辩论对于我国史学界已经发生了重大影响。这场辩论的重要贡献是引起大家对于审查史料工作的重视，即顾先生所谓'辨伪的工作'。"① 古史辨运动和顾颉刚的疑古学说，时下已经得到史学界主流充分肯定，有学者就认为"顾颉刚先生的疑古学说以及由此引发的古史大论战，促使我国史学从观点到方法、从内容到形式都产生革命性的变革。其中最重要的，可能还是观念上的更新"②。综合看来，齐思和对老师的评价无不客观。

　　1930 年上半学期，齐思和继续选修顾颉刚的课。③ 1930 年下半学期，齐思和依旧选修顾颉刚的课。④ 顾颉刚为人师表，传道授业，指导学生极其认真负责。学生的课业论文，他都一一认真修改。"五月十八号，点《晋世家》，毕。看曹诗成毕业论文《儒道墨三家之尧舜》、齐思和君之《儒服考》，并为标出应改处。"⑤ "十二月十二号，看吴世昌君之《辛弃疾》稿，齐思和君之《评〈史之梯〉》稿。"⑥

　　在燕京大学共处的岁月，顾颉刚和齐思和建立了深厚的师生情谊。每逢顾颉刚身体不适，齐思和必去探望。顾颉刚也常常做东请齐思和以及其他同学吃饭。此外，顾颉刚还经常带学生到北平城内及近郊考察、观游。如 1930 年 3 月 7 日，顾颉刚带领学生齐思和、韩叔信、朱士嘉、李镜池等人进城参观北大研究所国学门；1930 年 5 月 3 日，带领学生齐思和、韩叔信、朱士嘉等七人到西郊同游万寿寺，然后过蓝靛厂，游西顶娘娘庙。⑦ 1931 年 2 月 28 日，顾颉刚带领齐思和、罗香林、吴世昌、韩叔信、翁独健等人进城，游览白云观、天宁寺。⑧ 抗战期间，顾颉刚与齐思和天

　　① 齐思和：《近百年来中国史学》，《燕京社会科学》1949 年 10 月。

　　② 张越：《80 年来古史辨的简要回顾与评析》，中国社会科学院历史研究所、中山大学历史系合编《顾颉刚先生诞辰 110 周年论文集》，中华书局 2004 年版，第 190 页。

　　③ 顾颉刚：《顾颉刚日记》第二卷（1927—1932），台北联经出版事业公司 2007 年版，第 378 页。

　　④ 同上书，第 439 页。

　　⑤ 同上书，第 402 页。

　　⑥ 同上书，第 467 页。

　　⑦ 同上书，第 382、397 页。

　　⑧ 同上书，第 500 页。

各一方，仍然想办法互通消息，关注彼此的情况。

抗战胜利后至中华人民共和国成立前，顾颉刚与齐思和一直通信联系，尤其在 1951—1952 年顾颉刚在沪上期间，与齐思和通信就有 15 次之多，① 可见二人联系之紧密，只可惜这些信件因故没有保留下来，其内容如今已然不得而知。② 齐思和与顾颉刚还有一次业务上的合作，就是标点《资治通鉴》。1954 年，顾颉刚接受此项任务，担任《资治通鉴》总校对，邀请齐思和参与，齐思和负责标点《资治通鉴》第一卷至第六卷。③ 当时参与点校《资治通鉴》的学者还有周一良、聂崇岐、张政烺、邓广铭等人。④ 此外根据《顾颉刚日记》所载，在 1961—1962 年，二人经常相聚，畅谈甚欢。

1980 年 2 月，齐思和病故，顾颉刚那时也病重住院，他的家属怕他伤心，加重病情，就不敢告诉此消息。后来闻知齐思和去世的消息，顾颉刚十分惋惜，他在日记中写道："……知齐思和已去世，如此史学专家，培养一个洵非易事。如聂崇岐、冯家昇，皆燕大中才俊，乃都在运动中倒下，可痛之至！"⑤

在燕京大学任教时，顾颉刚曾经这样评论自己所教过的学生，认为"燕大史学系学生，以齐思和、翁独健、冯家昇、谭其骧四君最为出类拔萃之人物"⑥。以后来的学术发展脉络来看，齐、翁、冯、谭四人都在不同的学术领域取得了突出的成就，可见顾颉刚慧眼识珠，注重对青年学生的培养、提携。而对于齐思和的史学成就，顾颉刚在 1947 年的《当代中国史学》中已经有所提及，顾颉刚尤其对齐思和的先秦史成就多有推崇，他说："齐思和先生最近对于春秋战国时代的社会研究，很有成绩。"⑦

---

① 参见《顾颉刚日记》第七卷（1951—1955），台北联经出版事业公司 2007 年版。

② 这些信件不见于《顾颉刚书信集》，齐思和的长女齐文颖教授谈到此事时，指出这些信件可能在"文化大革命"中全部散失。参见杨俊光《齐文颖先生访问记》，2011 年 5 月 22 日，北京大学芙蓉园。

③ 参见《顾颉刚日记》第七卷（1951—1955），台北联经出版事业公司 2007 年版。

④ 顾颉刚：《顾颉刚自传》，北京大学出版社 2012 年版，第 183 页。

⑤ 顾颉刚：《顾颉刚日记》第十一卷（1968—1980），台北联经出版事业公司 2007 年版，第 562 页。

⑥ 顾颉刚：《顾颉刚日记》第二卷（1927—1932），台北联经出版事业公司 2007 年版，第 718 页。

⑦ 顾颉刚：《当代中国史学》，上海古籍出版社 2006 年版，第 99 页。

（四）齐思和与其他学者

翦伯赞（1898—1968），湖南桃源人，维吾尔族。曾任北京大学副校长（1952—1968）、历史系主任。曾参与北伐战争。中国著名历史学家、社会活动家。从 20 世纪 50 年代初开始，翦伯赞即致力于史学建设。首先发起编纂了两千多万字的《中国近代史资料丛刊》，并亲自主编了其中的《戊戌变法》和《义和团》两个专题。还与范文澜、胡华等人合著出版《中国历史概要》一书。从 1961 年春开始，他兼任全国高等学校历史教材编审组组长，主编通用教材《中国史纲要》和《中国古代史教学参考资料》。同时，他还先后发表《对处理若干历史问题的初步意见》和《目前史学研究中存在的几个问题》等论文，批评史学界从 20 世纪 50 年代后期开始出现的极左思潮。翦伯赞治学严谨，著作宏富，至今仍为史学界所推崇和颂扬。

翦伯赞作为马克思主义史学家、社会活动家，经历丰富。在中华人民共和国成立前，齐思和一直在平津地区任教，翦伯赞则活跃在大后方。他们二人的交往，大致是从北平解放后开始的。中华人民共和国成立前，翦伯赞的党员身份并未公开，他一直是以"著名民主人士、著名学者"的身份出现，1949 年北平和平解放后，中央统战部长李维汉同志希望翦伯赞进城后，多做知识分子的统战工作。[①] 当时翦伯赞考虑北平的主要大学如北京大学、清华大学、北平师范大学均为国立大学，党和政府将派人接管。而燕京大学为美国教会控制，党和政府不能立即派人接管，所以翦伯赞就设法到燕京大学任教，此间雷洁琼做了很多工作，翦伯赞遂进入燕京大学社会学系，并在历史系兼课。

1952 年，北京大学、燕京大学、清华大学和中法大学的历史系并入新的北京大学历史系，翦伯赞任系主任，齐思和任世界中世纪史教研室主任。后来，翦伯赞发起编纂《中外历史年表》，邀请齐思和参加，顺利完成了任务。翦伯赞与范文澜还发起编纂《中国近代史料丛刊》，齐思和负责编纂鸦片战争与第二次鸦片战争部分的内容。

邓之诚（1887—1960），字文如，号明斋、五石斋，祖籍江苏江宁，著名历史学家。幼年入私塾，酷爱读书。后来先后就读于成都外国语专门学校法文科、云南两级师范学堂，毕业后，任滇报社编辑。1921 年起，先后在

---

① 张传玺：《翦伯赞传》，北京大学出版社 1998 年版，第 239 页。

北京大学、北平师范大学、北平大学女子文理学院和燕京大学任教。邓之诚作为 20 世纪中国著名史学教育家，曾培养了一大批文史考古学者，门人弟子号称三千，当中成就斐然者有黄现璠、王重民、朱士嘉、王钟翰等。

邓之诚原在北京大学任教，20 世纪 20 年代后期，因为北京大学经费短缺，教员薪水经常拖欠，有不少教授转投燕京大学，邓之诚就是其中之一。由于邓之诚曾是齐思和的老师，20 世纪 40 年代齐思和进入燕京大学任教，后来担任历史系主任、文学院院长，直至邓之诚去世，齐思和与邓之诚一直有交往，尤其是在 20 世纪 40 年代，二人往来颇为密切，对齐思和来说，邓之诚是长者，二人亦师亦友，齐思和在学术、行政方面遇到事情，大多会征求邓之诚的意见。邓之诚日记对此多有记载，如 1941 年 4 月 27 日，"晨偕洪煨莲、齐思和、萧正谊入城游广济寺，饭于砂锅居"[1]；1946 年 3 月 14 日，"飞雪，齐思和来，久谈，主客皆伤风未愈，相对忘倦，亦可笑也"[2]。如此记载还有不少，可见师生二人交往是比较密切的。

蒙文通（1894—1968），原名尔达，四川省盐亭县人，是中国近现代杰出的历史学家。蒙文通先生在中国古代史及古代学术文化研究领域造诣很深，成就甚高。蒙文通以教书为业，却曾两次遭遇未被大学续聘的尴尬。一次是 20 世纪 30 年代在北京大学。他在历史系任教年余，却始终未去文学院院长胡适家拜访过一次，因而被同事钱穆称为"此亦稀有之事也"。据说此事弄得胡适难堪，以致置北大隋唐史无人授课一事于不顾，也不再续聘蒙文通，而蒙文通也处之泰然，仍我行我素。被北大拒聘后，蒙文通后转至天津女子师范学院任教，齐思和的父亲齐国梁时任天津女子师范学院院长。

20 世纪 30 年代后期，齐思和结识蒙文通。蒙文通赴天津任教后，家眷仍留在北平，往返于平津之间。对于齐思和与蒙文通的交往，齐文心记忆犹新，她写道："父亲佩服蒙先生的学识，常约畅谈于中山公园来今雨轩。我上大学期间，父亲曾将蒙先生所著《古史甄微》送给我，嘱我认真阅读，并在扉页上面作了提示，曰：'此书虽短，但征引渊博，亦有新见解。如分中国原始民族为江汉、河洛、海岱三系，颇有新见。在旧日讲

---

① 邓之诚著，邓瑞整理：《邓之诚文史札记》，凤凰出版社 2012 年版，第 117 页。

② 同上书，第 368 页。

论古代史的书中，为较有内容者。'"①

小 结

　　纵观齐思和的一生，是学术的一生。他出生在一个知识分子家庭，从小学到大学，均就读于名校，所受的教育均是精英教育，南开的七年、燕京大学的三年、哈佛大学的四年学习，对齐思和史学风格的铸就至关重要。作为 20 世纪著名的史学家，齐思和与上述学者的交往，只是其学术交往的一部分。齐思和与聂崇岐、白寿彝、钱穆、皮名举、周一良、李飞生、杨树达、吴晗、王桐龄、张星烺、翁独健、侯仁之、邓嗣禹等学者，都有或多或少的交往。如齐思和曾与聂崇岐曾是燕京大学的同事，在抗战胜利后还共同创办《大中》杂志。齐思和与白寿彝是燕京大学校友，中华人民共和国成立后，齐思和受白寿彝的邀请，担任《史学史资料》的编委。王桐龄、张星烺、张尔田均为齐思和的老师，在学术上对齐思和有不同程度的影响。美国哈佛大学的莫里斯、施莱辛格等作为齐思和的老师，对齐思和的影响也十分突出。翁独健、侯仁之、邓嗣禹、周一良均为齐思和的燕大同学。杨树达、李飞生是齐思和在北平师范大学的同事，吴晗曾与齐思和合作编纂《外国历史小丛书》。总的来说，对齐思和影响深刻的几位老师有范文澜、洪业和顾颉刚。关于范文澜，齐思和主要是在经学方面深受范老的影响，以及在古史分期问题上，坚持范老观点，持西周封建说。关于洪业，主要是在史学理论、史学方法方面，对于齐思和有较多的影响。关于顾颉刚，主要是在先秦史领域，给齐思和以诸多启发。

---

　　① 齐文心：《先父齐思和生平及著作简述》，《农业考古》2000 年第 3 期。

第二章

齐思和在中国史研究领域的成就

中华人民共和国成立前，齐思和的治学重心在中国史研究领域。在20世纪三四十年代，齐思和的学术兴趣集中在中国古代史，尤其是先秦史领域。从纵向看来，齐思和的先秦史研究，覆盖西周史、春秋史、战国史诸段，从横向分析，齐思和的研究包括经济史、政治制度史、思想文化史等层面。20世纪40年代末，齐思和将研究范围延伸到中国近代史领域，先后发表《魏源与晚清学风》《英国史里边的鸦片战争》等文章，又主编《中国近代史资料丛刊》的鸦片战争和第二次鸦片战争部分。齐思和关于中国史研究的主要成果，后来收入他的论文集《中国史探研》。齐思和"经学基础深厚，文字训诂之学亦有造诣"，故他对于先秦史的考证研究，"往往突破陈说，提出新解"[1]。他的先秦史研究，彰显其精深的考证功力。齐思和的近代史研究，主要集中在魏源研究和鸦片战争史研究方面，对前者的研究，凸显了齐思和高明的史学见识与开阔的史学视野。[2]

一 先秦史研究的主要成就

（一）西周地理变迁与锡命礼研究

先秦史是齐思和在20世纪三四十年代特别关注的一个研究领域之一，也取得了丰富的研究成果，顾颉刚在《当代中国史学》曾大力赞扬："齐思和先生最近对于春秋战国时代的社会研究，很有成绩。"[3] 齐思和在先秦史方面的研究不仅具有精深的功力，而且涉及的领域恢宏宽广。他的突

---

① 戚国淦：《史坛巨匠　后学良师——怀念齐思和先生》，《世界历史》1982年第1期。

② 齐思和曾发表《近百年来中国史学的发展》《现代中国史学评论》等探讨近代中国史学发展问题的文章，本书在第四章"齐思和的史学批评活动与史学理论探索"对此有专门研究，故本章略去不谈。

③ 顾颉刚：《当代中国史学》，上海古籍出版社2006年版，第99页。

出成就主要集中在西周史、战国制度史、先秦农史、先秦思想史等领域。下面先谈齐思和在西周史研究的成就。

第一，从地理与文化的关系视角探讨周族起源。

关于周族的起源问题，长期以来学界没有形成统一的认识。《汉书·地理志》颜师古注认为周族起源地为今天的陕西省武功县附近，此论一出，后世多数学者奉为圭臬。1930 年钱穆在《燕京学报》上发表《周初地理考》，标新立异，认为周族起源于今天山西境内汾水流域，而非陕西渭水流域，其依据是后稷之邰，公刘之豳，皆在山西，至太王时由汾水迁岐山，并认为山西也有稷山，《太平御览》引《隋图经》以为稷之故居，并举姜嫄墓在山西闻喜县为证。[①] 钱论一出，有人奉为不刊之论，亦有人提出质疑。李玄伯的《中国古代社会新研》[②]，吕思勉的《先秦史》[③]，均采用钱说。1932 年，在清华大学研究院国学所读书的李峻之发表《评钱穆先生〈周初地理考〉》，对钱穆之说提出质疑[④]，钱穆对李的质疑作出回应[⑤]，后来因为李峻之突然患病去世，这场争论不了了之。1946 年齐思和发表《西周地理考》，此文"运用人文地理的研究方法，应用大量的历史文献，论证周族的发祥地确在山西南部的渭水流域，反驳钱穆在《周初地理考》中提出周族起源于汾水的新说"[⑥]。《西周地理考》全文共分为八个部分：第一，绪论；第二，渭水及其支流；第三，周族之发祥地；第四，周民族前期之迁徙；第五，周民族之向外发展；第六，武王灭商与周公东征；第七，周初分封诸侯；第八，由地名推测周室向东扩张之次第。此文根据《诗经》《尚书》《国语》《汉书·地理志》等基本史料，并结合地理环境与神话传说，从政治、经济、文化、地理诸方面，详细考证了周族的起源地、周族迁徙的路线、武王伐纣、周公东征以及周初分封诸侯的情况。"不仅对周人起源于渭水作了令人信服的论证，而且在方法上，

---

① 钱穆：《周初地理考》，《燕京学报》1930 年第 10 期。

② 李玄伯：《中国古代社会新研》，开明书店 1949 年版，第 73 页。

③ 吕思勉：《先秦史》，开明书店 1941 年版，第 118 页。

④ 李峻之：《评钱穆先生〈周初地理考〉》，《清华周刊》1932 年第 37 卷第 5 期。

⑤ 钱穆：《重答李峻之君对余〈周初地理考〉之驳难》，《清华周刊》1933 年第 39 卷第 8 期。

⑥ 齐文颖：《先父齐思和生平及著作简述》，《农业考古》2000 年第 3 期。

为古地理学的研究开辟了新途径。"①

《西周地理考》一文具有鲜明的特点：首先，在考证周族起源过程中，齐思和对传统的舆地学的不足之处作了批评。中国传统的舆地学历史悠久，著述丰富，然而也存在先天的不足，如重视地望的确定，忽略地理与文化的关系，考证方法欠精细。齐思和指出："顾窃谓以前学者，考核地理沿革之书，博矣，深矣，而其方法，则犹未能精审。何者？盖以前学者考订地望，多征于古迹，或求之于音似。""夫世传古迹，十九出于后人附会。""至于求之于音似，尤为危险，夫古今建置，屡经兴废，往往一地而有数名，同名者未必一地。且初民居处不定，每至新地，仍用旧名，亳地有九，郑地有三，盖以此矣。"②

其次，齐思和借鉴西方人文地理学的研究方法，尝试从地理与文化关系的视角，重新建构地理考证之法。他说："自人文地理之学兴，然后地理与文化之关系，始可得而解。世人始知各民族文化之特点，往往有地理上之原因。盖地理为历史之舞台，两者关系之密切，固非不明地学者所得而知也。泰西治地理沿革者，以地证史，以史论地，其相互关系，粲然大明。"并认为古代的舆地学重在地名的考证，"于史地关系，犹未之及，周初地名，争论尤多，时贤所论，亦多待商，爰考其地望，论其形势，究其与历史发展之关系，以说明周初文化之背景，而为古地学辟一新径焉"③。值得一提的是，齐思和在 20 世纪 30 年代就十分重视历史与地理的关系，他在 1935 年北平师范大学的《史学概论讲义》中，认为地理学是与历史学有密切关系的"相关科学"之一，"其他学科与历史之最有关系者，殆莫过于地理学，夫史事之放生，皆有时间性与空间性，因之对此空间之研究，为史家不可少之知识"。他认为人文地理与历史地理与史学研究的关系最为密切，"人文地理，所以研究人地关系者也。地理与文化发展之影响，究竟至何程度，至今仍为学者间争辩未决之问题，但历史与其自然环境之重要，则不容否认。人文地理学家之理论，自有裨益于史事之解释"④。是否可以这样认为，在 20 世纪 30 年代后期，齐思和已经对

---

① 齐文颖：《先父齐思和生平及著作简述》，《农业考古》2000 年第 3 期。

② 齐思和：《西周地理考》，《燕京学报》1946 年第 30 期。

③ 同上。

④ 齐思和：《史学概论讲义》，天津古籍出版社 2007 年版，第 56 页。

文化与地理之间的关系有所思考，试图回答地理条件在历史发展中所起的作用，而作于 20 世纪 40 年代的《西周地理考》，应该是齐思和在此问题上的一种探索，意在运用地理条件与历史文化发展之关系，解决中国历史地理研究中的具体问题。

最后，运用中西比较的方法，参照世界其他文明的起源情况，如印度文化起源于恒河流域、西亚文化起源于两河流域、古埃及文化发源于尼罗河流域，根据世界上其他文明的起源、发展情况，从而得出规律性的认识——"世界最早之文化，类皆发生于河流之冲积区"①。并指出文明起源之初，多出现在河流冲积区的原因。"盖文明之初，农业幼稚，人类不知施肥之法，又昧于深耕之术，民老利薄，文化自难繁盛，惟有沿河流之地，土壤肥美，适于灌溉，物产丰饶，得天独厚，一人耕可食数人，余人可从事于其他方面之工作，文化进步，自较他处为速也。是故最早文化多发生于河流之两岸，此乃历史之通例，中国亦非例外。"② 综合世界不同地区文明的产生情况，进而探求世界文明起源普遍性原理，并结合中国文明起源的具体情况，得出中国文明起源的结论。从地理条件、经济基础探讨文化的起源与发展，把"物产丰富""一人耕可食数人"的经济基础作为"文化进步"的前提，实际上运用了类似历史唯物主义的原理与方法。

当然，地理条件与历史发展、文明起源的关系存在着密切的联系，同时也应该看到地理条件具有复杂性，这种复杂性会相应地造成社会经济、文化发展的不平衡性。③ 齐文所论证的结果——周族起源于陕西渭水流域，得到了考古工作的证明。中华人民共和国成立后，为了确定早期周人的活动范围和发祥地，考古工作者做了大量的工作，在陕西渭河流域及其支流，如凤翔、岐山、眉县、扶风、宝鸡、武功、周至、长安、户县等地，都发现了早周时期的遗址和大量遗物，证明周文化在这一带可以追溯到新石器时代。④

第二，考察西周"锡命礼"制。

《周代锡命礼考》是一篇研究西周政治制度的重要文章。西周实行分

---

① 齐思和：《西周地理考》，《燕京学报》1946 年第 30 期。

② 同上。

③ 瞿林东：《地理条件与中国历史进程》，《中国史学的理论遗产》，北京师范大学出版社 2005 年版，第 71 页。

④ 徐锡台：《早周文化的特点及其渊源的探索》，《文物》1979 年第 10 期。

封制，天子向臣属、诸侯授地、任命官职、封赏有功之臣，都要举行一种盛大的典礼仪式，这种仪式即锡命礼。《易·诗卦》曰："三王锡命。"① 《象》曰："王锡三命，怀万邦也。"② 由于锡命礼是西周"诸侯之封建，王臣之任命"所必经程序，加之西周实行分封制，"有爵者必有位，有位者必有禄，有禄者必有土，故封建命官，其实一也"③。作为分封制的重要环节，对锡命礼的研究，有助于更为深刻、全面地认识周代的政治制度。"锡命典礼，于封建制度所关极要，此礼不明，则吾人于古代封建制度绝难了解。"④ 然而由于"礼坏乐崩"，由来久已，赢秦焚书，典籍散佚，古礼湮没。杜元凯博极群经，号称武库，然而其著《春秋实例》，亦发出"天子锡命，其详未闻"⑤ 的感叹。清代朱为弼遍览群经，旁及彝器铭文，撰成《补纟勺王锡命礼》《侯氏觐见锡命礼》《王亲锡命礼》《巡守锡命礼》《诸侯嗣位锡命礼》《公侯锡作牧伯礼》《附古锡命礼》七篇⑥，针对朱为弼在锡命礼制度研究的贡献，齐思和大为赞誉，认为朱氏此功，"补阙拾遗，彰皇幽眇，厥功甚伟"⑦，然而作为筚路蓝缕之作，朱氏的考证尚存不少缺漏，锡命礼制度有继续深入研究的必要。在继承前人研究成果的基础上，齐思和对周代锡命礼制作了详细的考证，《周代锡命礼考》全文分为七个部分：第一，绪论；第二，锡命礼之仪式；第三，锡命之内容；第四，锡命王臣之典礼；第五，锡命诸侯之典礼；第六，锡命嗣位诸侯之典礼；第七，春秋时代王室之锡命。

齐思和运用中西比较的方法，借鉴西欧中世纪封建制度中分封诸侯时的"授命礼"，并与周代分封礼仪进行比较。授命礼（Investiture）是西欧封建制度盛行之时，一种极为隆重严肃的典礼。授命礼的内容为"大抵受封者去武器，伸两手，向封主跪，声称愿为封主之臣仆，封主执其手，命之起。受封者遂宣誓终于封主，死而后已，靡有他志。此谓之臣服礼与宣誓效忠礼。封主遂正式封以采邑。授以撮土以象征其土地，受以木枝以象

---

① 《周易》，（清）阮元《十三经注疏》本，中华书局 2009 年版。

② 同上。

③ 齐思和：《周代锡命礼考》，《燕京学报》1947 年第 32 期。

④ 同上。

⑤ 《春秋左传正义·庄公元年》，上海古籍出版社 1990 年版，第 505 页。

⑥ 参见朱为弼《蕉声馆集》，上海古籍出版社 2010 年版。

⑦ 齐思和：《周代锡命礼考》，《燕京学报》1947 年第 32 期。

征其林木，并轻击其背以示授与统制之权焉。封主更授以策命，详列受封者应尽之义务，并详载其采邑内土地人民之数目，此为授命礼"①。授命礼典礼完成以后，封主与封臣确立封君与封臣的权利与义务关系。齐思和认为中国古代的锡命礼，可以通过中西封建典礼的相互比较，从中受到启发，借以补充中国古代文献之不足，以求深入考察周代锡命礼制度的内涵。他说："中国古代锡命之礼，封建之制，虽以典籍散失，文献不足，不能详考，然大体言之，固与西洋相去不远。"即认为中国古代的封建典礼与西洋的封建典礼具有一定共性。他的依据是"盖人类文化之发展，虽迟速不同，质问各异；然所循之途径，则大致相同。故观今落后之民族之生活，可推知古代之社会；因先进国家之文化，可预测落后民族未来之发展。若将西洋封建制度与吾国封建社会相比较，虽缛礼繁文，互有出入；然其荦荦大端，则无二致。是故吾人因西洋封建制度，而于吾国古籍之晦辞沈义，多得其解焉"②。

齐思和运用大量金文和文献资料，考证锡命礼制度的仪式和内容。齐思和旁征博引，上下搜罗，通过引用大量古典文献以及时人最新学术成果，梳理出了西周锡命礼制的主要仪式和内容。齐思和根据流传下来的数千具两周彝器铭文，总结出西周锡命礼仪式有："（一）受命于太庙"；"（二）君立阼阶之南，南向，所命北向"；"（三）史执册命之"；"（四）傧"；"（五）所命再拜稽首"③。以上是西周锡命礼的程序和仪式，锡命礼的内容主要包括：锡命王臣之典礼、锡命诸侯之典礼、锡命嗣位诸侯之典礼等三个方面。

（二）战国制度研究

战国时期是中国历史承前启后的重要阶段，20 世纪 30 年代之前，学术界对战国史重视程度不够。④ 20 世纪 30 年代，学术界对战国阶段历史的研究，多集中在思想史、经济史、地理沿革等领域，对战国时期的政治制度的研究十分薄弱，有些问题尚未得以解决。这种状况的存在，是有历史原因的。我们知道，在中国古代，儒家思想在汉武帝以后，逐渐在中国

---

① 齐思和：《周代锡命礼考》，《燕京学报》1947 年第 32 期。

② 同上。

③ 同上。

④ 笔者根据大成老旧期刊数据库，1901—1929 年，以"战国"为主题查询，仅有 8 篇文章与战国史研究有关，虽然此法未必周全，然而似可略窥 20 世纪 30 年代之前战国史研究之状况。

取得统治地位，由于儒家提倡"仁政""德治"的"王道"之治，故对战乱纷争、礼崩乐坏的战国历史，持轻视态度，对后世学者亦造成极大影响。如《汉书·食货志》称"陵夷至于战国，贵诈力而贱仁义，先富有而后礼让"①。东汉末年蜀中名士李权从秦宓借《战国策》，而秦宓不与，秦宓认为《战国策》"书非《史记》《周图》，仲尼不采；道非虚无自然，严平不演……君子博世，非礼不视。今战国反覆仪、秦之术，杀人自生，亡人自存，经之所疾。故道家法言：'不见所欲，使心不乱。'是故天地贞观，日月贞明，其直如矢，君子所覆。《洪范》记灾，发于言貌，何战国之谲权乎哉？"②曾巩为《战国策》作序曾说："君子之禁邪说也，固将明其说于天下，使当世人皆知其说之不可从，然后以禁之则齐；使后世之人皆知其说之不可为，然后以戒则明。"③清代陆陇其认为《战国策》崇尚机变之巧，足以坏人心术，如厚味之中有大毒焉，遂作《战国策去毒》一书。④对战国时代的轻视，是造成战国制度研究不足的重要原因。"儒家对于战国之轻蔑，职是之故，学者于战国制度皆不肯留心。以杜佑之精博，于战国之职官亦仅以'战国并争，各有变易'两语了之。其后《通志》《文献通考》皆直袭其文，无所增益。学者于战国制度之轻视，可以概见。"⑤由于历代学者对战国制度的忽略，致使战国 260 年间政治、社会嬗变之迹晦而不明，湮而不彰。

齐思和十分重视战国史的研究，并为此付出艰辛努力，作出了一些开创性的研究成果，《战国制度考》就是齐思和在战国史研究方面的力作。齐思和为了构建战国制度史，作了大量的考证性工作，在资料准备上又下了很大功夫，曾作了一系列有关战国制度史的图表等资料汇编。"余治战国史，尝拟仿顾栋高《春秋大事表》之例，将战国时代之年代、舆地、典章制度之见于《国策》《纪年》《史记》及其他百家传记者，相加勾稽，勒为诸表。积稿既多，又患其散而难稽也，遂网罗其有关制度者，为一较有系统之叙述，名曰战国制度考。"⑥《战国制度考》全文五万余言，共分

---

① 《汉书》卷二四《食货志》，中华书局 1962 年版，第 1124 页。

② 《三国志》卷三八《蜀书》，中华书局 1959 年版，第 973 页。

③ 曾巩：《〈战国策〉目录序》，《曾巩文集》，延边人民出版社 1999 年版，第 40 页。

④ 陆陇其：《战国策去毒》，齐鲁书社 1996 年版。

⑤ 齐思和：《战国制度考》，《燕京学报》1938 年第 24 期。

⑥ 同上。

为七个部分：其一，土地私有制之成立；其二，工商业之勃兴；其三，各国变法；其四，平民之登庸；其五，中央集权政体之出现；其六，中央政府之组织；其七，地方政府之组织。作者在纷乱繁杂的史料中，从经济基础到上层建筑，构建了战国历史的大致框架，使二百余年间的战国历史展现在世人面前。

《战国制度考》以及《商鞅变法考》《战国宰相表》《〈战国策〉著作时代考》《〈孙子兵法〉著作时代考》等论著构成了齐思和的战国史研究体系，《战国制度考》一文的学术贡献主要表现在以下几个方面：

其一，《战国制度考》"最早提出战国变法运动先始于魏"①，纠正了学术界长期以来对战国变法的种种错误认识。通过考证，明确指出战国时期，最早的变法运动，是魏国的李悝变法。而变法最为成功的则为秦国的商鞅变法。文中肯定了商鞅变法对中国历史进程的重要促进作用，它不仅促使秦国的强大，为秦国统一六国奠定了坚实的基础，对中国历史的发展进程具有重大的影响。②

其二，论证分封制之废、郡县制之立非始于秦朝，而肇于战国。汉初贾山《至言》中说"昔者秦政力并万国，富有天下，破六国为郡县，筑长城以为关塞"③。贾山的秦废分封行郡县言论一出，后儒沿袭旧说，多认为秦代开始废分封立郡县，如扬雄认为："秦失其鹿，罢侯置守。守失其微，天下孤睽。"④ 班固认为："秦遂兼并四海，以为周制微弱，终为诸侯所丧，故不立尺寸之封，分天下为郡县，荡灭前圣苗裔，靡有孑遗者矣。"⑤ 曹冏《六代论》认为："秦观周之弊，将以为弱见夺。于是废五等之爵，立郡县之官。"⑥ 陆机《五等论》也持类似观点："五等之制，始于黄、唐；郡县之治，创于秦、汉，得失成败，备在典谟。"⑦ 柳宗元《封建论》认为："秦有天下，裂都会而为郡邑，废侯卫而为之守宰，据天下

---

① 齐文心：《先父齐思和生平及著作简述》，《农业考古》2000 年第 3 期。
② 齐思和：《战国制度考》，《燕京学报》1938 年第 24 期。
③ 《汉书》卷五一《贾邹枚路传》，中华书局 1962 年版，第 2331 页。
④ 扬雄：《法言·重黎篇》，中华书局 1985 年版，第 30 页。
⑤ 《汉书》卷二八《地理志》，中华书局 1962 年版，第 1542 页。
⑥ 曹冏：《六代论》，萧统《文选》卷五二，李善注释本，中华书局 1986 年版。
⑦ 《晋书》卷五四《陆机传》，中华书局 1974 年版，第 1476 页。

之雄图，都六合之上游，摄制四海。"①

齐思和进而指出："自春秋之末，封国之制已渐崩溃，集权政体遂继之而兴，经战国二百余年间之嬗变，至六国之亡，统一之局，郡县之制，早已完成，嬴政不过将此制度齐之，统一之，而施之于天下而已，实因而非创也。"② 也就是说，分封制在春秋时期已经式微，经过战国时期两百多年的变法，分封制已经逐渐退居历史主流，郡县制则日渐兴起，在政治体制中日益占据主要地位。秦统一六国，只不过是将战国时期已经盛行于全国的郡县制，加以整合，在全国范围内实行。所以秦朝废除分封制、创立郡县制的说法不准确，应该是秦朝在全国范围内施行郡县制。值得注意的是，白寿彝主编的《中国通史纲要》中也持类似的观点，"秦始皇推行的郡县制，是春秋战国以来逐渐发展起来的一种政治体制"③。可见，齐思和的观点，为学界主流所接受。

（三）先秦农史研究

齐思和对经济史④，尤其是农业史较为关注，曾有志于撰写一部《中国农业史稿》。"本文作者几十年来搜集中国农业史的资料，很想以《诗经》为基本资料，再加上群经诸子，彝器铭文，作一篇周代农业考，以为《中国农业史稿》的发端。但是，才写了一部分，即感觉到这问题太大，不是单篇论文能讨论详尽的，遂改为分成许多问题来研究。"⑤ 齐思和在先秦农业史领域的主要论著有《〈毛诗〉谷名考》《牛耕之起源》《孟子井田说辨》《先秦农家学说考》等，这些论著所得出的结论，或厘清前人的讹误，或为考古发现所证实，在中国农业史、中国古代史上具有重要的学术价值。

第一，根据《毛诗》"谷名"研究周代农作物，论证"稷"即"谷子"。

《诗经》是中国古代最早的诗歌总集，相传经孔子删定，收录自西周

---

① 柳宗元：《封建论》，刘禹锡辑《柳河东集》，上海人民出版社1974年版，第43页。

② 齐思和：《战国制度考》，《燕京学报》1938年第24期。

③ 白寿彝主编：《中国通史纲要》，上海人民出版社1980年版，第114页。

④ 1941—1946年齐思和曾在天津工商学院讲授"中国经济史"。参见齐文颖《勤奋 爱国 创新——纪念先父齐思和先生百年诞辰》，《燕京学报》新第26期，北京大学出版社2009年版，第319页。

⑤ 齐思和：《〈毛诗〉谷名考》，《燕京学报》1949年第36期。

初年至春秋中叶五百多年的诗歌 305 篇。西汉时被尊为儒家经典，"当时传授《诗经》有四家：齐之辕固、鲁之申培、燕之韩婴、赵之毛苌。获取国名，或取姓氏，而简称齐、鲁、韩、毛四家。齐、鲁、韩三家武帝时已立为学官"，"自东汉末年，儒学大师郑玄为《毛诗》作笺，学习《毛诗》的人逐渐增多，其后三家诗亡，独《毛诗》得大行于世"①。《诗经》作为先秦重要典籍，记录了当时农业生活的一些情况，如农耕方式与农作物的种类等，是西周农史的重要资料。

　　"《〈毛诗〉谷名考》是关于周代农业经济的一篇重要论著。"② 现在看来，《〈毛诗〉谷名考》的主要学术贡献为：其一，齐思和对《诗经》中出现的 15 个"谷名"一一作了考证，并且指出这些农作物现在的名称。指出了小麦的使用方法，周代使用麦粒做饭，到了晋代之后才有面食。此外，还对《诗经》中没有出现的谷名作了考证，论证了高粱、玉米、花生、芝麻等农作物在中国的流传、种植情况。③ 其二，《〈毛诗〉谷名考》厘清了历代学者对"稷"为何种农作物的错误认识。清初程瑶田在《九谷考》中创立新说，认为"稷"是高粱④，此论一出，应者四起，段玉裁、王念孙、朱骏声、陈奂、马端辰、孙诒让、刘宝楠等人，均奉程说为圭臬，据为定论。齐思和的"稷"即谷子（小米）的论点，为之后考古发掘所证明。1953 年，陕西西安半坡遗址发现大量谷子，"当时种植的谷物是粟，即现在华北盛产的小米"⑤。此后在陕西至华北一带都有发现。"可见，谷子是古代陕西以至华北一带的主要粮食。本书中所提出的稷即谷子，而非高粱，谷子是中国劳动人民最早培育的农作物，已经在考古学上得到了证明。"⑥ 考古发掘的结果，进一步印证了齐思和在此问题上所表现出的卓识眼光与精深功力。

　　第二，进一步考证"牛耕起源于春秋"。

　　① 游国恩等主编：《中国文学史》，人民文学出版社 1963 年版，第 31 页。

　　② 齐文心：《先父齐思和生平及著作简述》，《农业考古》2000 年第 3 期。

　　③ 齐思和：《〈毛诗〉谷名考》，《燕京学报》1949 年第 36 期。

　　④ 程瑶田：《通艺录》"九谷考"篇，《程瑶田全集》第三册，黄山书社 2008 年版。

　　⑤ 中国科学院、陕西西安半坡博物馆合编：《西安半坡》，文物出版社 1963 年版，第 223 页。

　　⑥ 齐思和：《〈毛诗〉谷名考·后记》，齐思和《中国史探研》，河北教育出版社 2003 年版，第 43 页。

　　牛耕是中国古代农业发展史上的一次巨变，是农业生产力的一次飞跃。关于牛耕出现的时间，在中国农史学界众说纷纭，未有定论。根据齐思和考证，中国古代关于牛耕的起源问题，有六种说法。一是"始于神农说"，清代学者赵春沂在《牛耕说》中持此论；二是"始于叔均说"，《山海经·海内经》载稷之孙叔均首创牛耕；三是"始于春秋时代说"，宋人多持此论，宋人周必大《曾氏农器谱题辞》认为，牛耕起源于春秋之间；四是"始于秦说"，清代乾隆年间，杭大宗著《牛耕说》，认为牛耕秦代首创；五是"始于汉说"，北魏贾思勰《齐民要术》、贾公彦《周礼注疏》均认为汉代赵过发明牛耕；六是"始于晋说"，《文选》李善注认为牛耕起始于晋代。①

　　齐思和通过考察历代文献，对以上六种观点作了考量，认为神农氏为传说中人物，《山海经》多载神话故事，不足采信，故"始于神农、叔均之说，失之过早"；两汉、三国时期，有关牛耕记载已经俯拾皆是，不胜枚举，故"牛耕始于晋之说，实不能成立也"；"汉前古书言及牛耕者多矣，并不始于汉也"。总的来说，周必大《曾氏农器谱》所论，"其说极是"②。但是，齐思和认为周氏的四个论据过于简略，不足以自持，难却学者之疑，故齐思和对周氏的论据作了疏通证明，并且补充了两条重要的材料依据：一是司马迁《史记》卷六七《仲尼弟子列传》载"司马耕，字子牛"，与周必大的论据"冉耕之字伯牛者相同，亦为春秋时已有牛耕之明证"③。并且批评清代王引之在《春秋名字解诂》中为了坚持古无牛耕之说，不惜曲意改字说经、削足适履的做法。二是《国语·晋语》载"夫范中行氏不恤庶难，欲擅晋国。今其子孙，将耕于齐。宗庙之牺为畎亩之勤。人之化也，何日之有？"④齐思和认为此为"春秋之时已有牛耕之确证也"⑤。此外，齐思和在《牛耕之起源》一文中还考证了铁犁的出现时间，以及农业耕作方法的演变，并指出，牛耕铁犁的发明，是春秋战

---

　　① 齐思和：《牛耕之起源》，天津仁达学院经济研究所《经济研究季报》1941 年第 1 卷第 1 期。

　　② 同上。

　　③ 同上。

　　④ 《国语》卷一五《晋语九》，上海书店出版社 1987 年版，178 页。

　　⑤ 齐思和：《牛耕之起源》，天津仁达学院经济研究所《经济研究季报》1941 年第 1 卷第 1 期。

国时期土地制度巨变的重要原因。值得一提的是，齐思和在 20 世纪 50 年代依然坚持"牛耕起源于春秋"的观点，并且对牛耕起源的时间更加具体化，他在一篇文章中提道，"在春秋时代以前，住在中原区的'诸夏'，不但不知道用驴、骡，并且不知道用牛来耕种，农业完全依靠人力。到了春秋时代末年，才发明了'牛耕'的方法"①。牛耕的起源问题，学术界目前尚存有争议，但"牛耕起源于春秋"的观点已经为不少学者所认同。②齐思和对周必大"牛耕始于春秋说"的进一步论证，进而指出牛耕的出现，对春秋时期生产力的发展，土地制度、赋税制度的变化的影响，显示出精湛的学力。

第三，考证农家学说的起源、思想特征及历史影响。

我国是一个以农业文明著称的文明古国，农业在我国历来受到重视。"古帝注重民食物，《洪范》首列食货，农事之要，先哲明之久矣。"③有关农业的思想、学说，在先秦时期已经出现，作为诸子百家中的一家，"农家是先秦九流之一，但这一派的学说因为古书失传，埋没不彰"④。因为农家学说的思想"朴而无华，其道谿而难尊，继起者少以后遂绝"⑤，但农家学说的强本节用、重农抑商的思想为其他学派所吸收，对以后产生了重要影响。齐思和的《先秦农家学说考》考证了农家学说的起源情况、代表人物以及基本主张，阐述了农家学说对农业发展所起的作用。

齐思和认为农家学说最早起源于"田畯、司稽"等教民稼穑的基层官吏，农家学说在战国时期形成"一家之言"，与百家并列。齐思和认为，在先秦以前，作为直接从事农业生产实践的劳动者，忙于生计，无暇作专门研究，积累农业耕作经验。再者，"古者惟贵族有受学之机会，亦惟贵族得为官，学与位皆专于上"⑥。因此，"田畯、司稽"等基层农业官

---

① 齐思和：《少数民族对祖国文化的伟大贡献》，《历史教学》1953 年第 7 期。

② 如李福泉的《宗庙之牺为畎亩之勤——牛耕说质疑》（《求索》1984 年第 5 期）、韩国磐的《牛耕早在赵过之前》（《社会科学战线》1985 年第 4 期）、钱晓康的《关于我国牛耕的一点看法》（《农业考古》1995 年第 1 期）、卫斯的《关于牛耕起源的探讨》（《农业考古》1982 年第 2 期）、夏麦陵的《殷商牛耕说献疑》（《农业考古》1984 年第 2 期）等均持此论。

③ 齐思和：《先秦农家学说考》，《燕大经济学报》1940 年第 1 期。

④ 齐文心：《先父齐思和生平及著作简述》，《农业考古》2000 年第 3 期。

⑤ 齐思和：《先秦农家学说考》，《燕大经济学报》1940 年第 1 期。

⑥ 同上。

吏成为农家学说的最早来源，班固《汉书·艺文志》认为："农家者流，盖出于农稷之官。"① 到了战国时期，"庶民既解放，亦有受教育之机会，然后智识始传播于民间"。以许行为代表的学者将农家学说，"发扬光大，创为理论，以其学与他家争"②，成为百家争鸣中的一个重要学术流派。

关于农家学说的代表人物及其基本主张。齐思和认为，战国农家学说最著名的代表人物是许行。许行的著作不见于《汉书·艺文志》，可能早已亡佚。许行的学说大多载于《孟子》，他的主张有：其一，力主"君民并耕"。许行曾说："腾君则诚贤君也；虽然，未闻道也。贤者与民并耕而食，饔飧而治。今腾有食廪府库，则是厉民而以自养也，恶得闲？"③ "君民并耕"思想在齐思和看来，至少反映了春秋战国时期的社会趋向，首先，农家"君民并耕"的主张代表了部分下层民众的诉求，与儒家大力拥护之"君子劳心，小人劳力，先王之制"④ 的思想大相径庭。其次，"君民并耕"思想是对当时社会问题的反思。战国时期，"士君子则竞游谈而骛口说，商贾则废农耕而趋末业。食之者众，而生之者寡，成一极严重之社会问题。则许行之说，实对于当时社会趋势之一种强有力的反抗"⑤。最后，齐思和指出，由于生产力的发展，社会分工已是时代之必然。他说："盖社会愈进化，则愈需要社会分工。许子一派学者，认耕稼为惟一生利工作，此种理想，在复杂社会中，自难实现。"⑥

其二，许行主张统一物价。"从许子之道，则市贾不贰，国中无伪，虽使五尺之童适市，莫之相欺。布帛长短同，则贾相若。麻缕丝絮轻重同，则贾相若。五谷多寡同，则贾相若。屦大小同，则贾相若。"⑦ 主张统一物价，是当时工商业发展的反映。工商业的发展，固然是社会进步的表现，同时也出现一些负面影响，"奇技淫巧，层出

① 班固：《汉书》卷三十《艺文志》，中华书局 1962 年版，第 1743 页。
② 齐思和：《先秦农家学说考》，《燕大经济学报》1940 年第 1 期。
③ 《孟子译注》"滕文公章句上"，杨伯峻译注本，中华书局 2005 年版，第 123 页。
④ 《左传·襄公九年》，《春秋左传正义》，上海古籍出版社 1990 年版，第 505 页。
⑤ 齐思和：《先秦农家学说考》，《燕大经济学报》1940 年第 1 期。
⑥ 同上。
⑦ 《孟子译注》"滕文公章句上"，杨伯峻译注本，中华书局 2005 年版，第 126 页。

不穷，五都之市，光怪陆离，人竞厚利，怠废本业"①。齐思和认为许行统一物价的观点，就是针对当时工商业发展，农业受到冲击的现实，有感而发的。

除了许行，齐思和认为《汉书·艺文志》中的《神农》20篇、《汉书·艺文志》中的《野老》17篇和《吕氏春秋》论农家诸篇，都是对农家思想的集中记载。

农家学说因为质朴无华，在当时未成为显学，但对其他学派产生过重大影响。儒家自孔子就主张先富后教，重视食货。荀子论富国之道，提出崇本抑末思想，他说："士大夫众则国贫，工商众则国贫"，"野县鄙者，财之本也"②。齐思和认为"自是重农主义遂成为儒家之基本思想"③。农家学说对法家也产生了不小影响，法家主张耕战并用，其重视农业较之儒家更甚。商鞅认为："国之所以兴者，农战也。"④ 韩非子也重农战而轻末业，他说："磐石千里，不可谓富；象人百万，无可谓强。……今商官技艺之士亦不垦而食，是地不垦，与磐石一贯也。"⑤ 可见，法家重农思想"皆受农家重农思想之影响也"⑥。此外，齐思和认为阴阳家也受农家学说影响。农家学说作为我国先秦时期重要的一家学说，长期没有得到学界的重视，齐思和通过钩沉史料，层层剥离，攫取精华，勾勒出了先秦农家学说的梗概，较为中肯地指出了农家思想的积极意义，这对研究农家思想、农家学说作了重要的铺垫。

二　中国近代史研究的成就

（一）鸦片战争研究的新拓展

中华人民共和国成立以前，学术界对鸦片战争的研究尚显不足，虽然

---

① 齐思和：《先秦农家学说考》，《燕大经济学报》1940年第1期。

② 王先谦撰：《荀子·富国篇》，沈啸寰等点校，新编诸子集成本，中华书局1988年版，第194页。

③ 齐思和：《先秦农家学说考》，《燕大经济学报》1940年第1期。

④ 蒋礼鸿撰：《商君书锥指·农战篇》，新编诸子集成本，中华书局1986年版，第19页。

⑤ 王先慎撰：《韩非子集解·显学篇》，钟哲点校，新编诸子集成本，中华书局1998年版，第488、489页。

⑥ 齐思和：《先秦农家学说考》，《燕大经济学报》1940年第1期。

出现了一些成果，但并不是十分突出。如武堉干的《鸦片战争》①，被认为是"供给一般读者的普通读物，不是专门著述"②。储祎的《鸦片战争》③，是"中国近百年少年丛书"的一种，内容比较单薄，属于历史知识普及性读物。当时，国内研究鸦片战争，使用英国相关原始史料的情况，也是少见的。④ 中华人民共和国成立后，史学界发起编纂《中国近代史资料丛刊》，齐思和任《鸦片战争》和《第二次鸦片战争》部分的主编，他亲自翻译了不少与鸦片战争有关的外国史书、档案、资料文献等⑤，这为他的鸦片战争研究提供了便利。

在编纂鸦片战争史料的同时，齐思和发表了数篇具有较高价值的鸦片战争研究的文章。如《英国史里的鸦片战争》⑥《鸦片战争时期英国烟贩们是英国侵略中国的主谋》⑦《两次鸦片战争时期亚洲各国人民的抗英斗争》⑧ 等。这些文章运用大量的国外史书、档案文献的记载，突破了过去鸦片战争研究以国内史料为主的窠臼，大大拓展了鸦片战争研究的史料基础。尤其是《英国史里的鸦片战争》一文，运用大量英国史书的记载，结合中国已有的史料，来研究鸦片战争，值得深入探讨。1951 年 11 月，齐思和在《进步日报》发表《英国史里的鸦片战争》，文中从三个方面探讨了英国史书中对鸦片战争的记载。

首先，齐思和探讨了英国通史著作中关于鸦片战争的记载。他列举了四种主要英国通史著作，分别是葛林的《英国人民简史》、屈勒威林的《英国史》、伽丁纳的《英国史教科书》和莫尔的《人民的英国史》。葛林的《英国人民简史》提到鸦片战争时只有两句话，大意为"英国人的良

---

① 武堉干：《鸦片战争》，商务印书馆 1931 年版。

② 夏鼐：《武堉干著鸦片战争史》，《图书评论》1933 年第 1 卷第 11 期。

③ 储祎：《鸦片战争》，大众书局 1936 年版。

④ 据笔者所知，当时只有少量介绍英国史中鸦片战争史料的记载，如［日］值田捷雄《由英国史料所见之鸦片战争》，韩云中译，《中国公论》1944 年第 11 卷第 4 期。

⑤ 齐思和翻译的与鸦片战争有关的外国史书主要有：莫尔斯的《中西公行考》，丹涅特的《美国对华的鸦片贸易》《英军在华作战记》，利洛的《缔约日记》等。

⑥ 齐思和：《英国史里的鸦片战争》，《进步日报》1951 年 11 月 3 日。

⑦ 齐思和：《鸦片战争时期英国烟贩们是英国侵略中国的主谋》，《光明日报》1953 年 6 月 27 日。

⑧ 齐思和：《两次鸦片战争时期亚洲各国人民的抗英斗争》，《光明日报》1965 年 7 月 24 日。

心为一八三九年因中国禁止鸦片走私而引起的战争所伤害"和"中国屈服了，根据条约，中国的几个港口对外国开放"①。伽丁纳的《英国史教科书》对鸦片战争几乎一字未提。屈勒威林的《英国史》也是一字未提，只是在论述英国对印度、中国的侵略行为时，用"接触"这个词，齐思和认为："本书对于英帝国主义的讴歌，对于受压迫民族的鄙视，都是惊人的。所以本书与其说是一部历史，还不如说是英帝国主义的宣传品。"②莫尔是马克思主义学者，他的《人民的英国史》"站在人民的立场，以辩证唯物论的方法来研究英国史"。此书有关"鸦片战争"占了相当的篇幅，揭露了英国殖民侵略者在鸦片战争中的罪恶。"一个历史家对于某一事件叙述的详略，多半是决定于在他们的眼光中这件史事的重要性，这本是修史的惯例"③。以上四部英国史书，前三部大都站在为侵略辩护的角度，或者站在英国史发展主线上来讲的，在他们看来，鸦片战争对英国史微不足道。而莫尔《人民的英国史》站在揭露殖民主义侵略的罪恶角度，对鸦片战争给以相当的篇幅。

其次，齐思和梳理了英国近代史中有关鸦片战争的记载。他指出，马瑞奥特的《滑铁卢战后的英国》一书，对鸦片战争和第二次鸦片战争都有简单的叙述，但作者站在为侵略者辩护的角度。罗和山德斯合著的专论维多利亚王朝的《英国史》，以政治外交为主，但是对于鸦片战争的论述也很简略。伍德沃德的《改革时代》对鸦片战争的论述较为详细，但是作者的叙述充满偏见和武断，也站在为殖民侵略辩护的立场。以上几种英国近代史，均站在为侵略者辩护的立场上，他们在叙述鸦片战争时，不用"鸦片战争"，而用"对华战争"，是英国历史学家出于粉饰自己国家的侵略行为，刻意而为之。麦伽塞的《我们自己的时代的历史——自维多利亚女王即位至柏林会议》，在叙述鸦片战争方面，较以上几种英国近代史更为详细。全书描写鸦片战争的共有两章，并且直接以"鸦片战争"作相关章节的题目，对英国侵略者的侵略行径有一定的揭露，"在我们检查的书籍中，只有这部书的叙述，大体尚属公允"。齐思和还分析了此书持相

①　John Richard Green, *History of the English People*, Eversley Edition, 1895, London MacMillan and Co.

②　齐思和：《英国史里的鸦片战争》，《进步日报》1951 年 11 月 3 日。

③　同上。

对公允立场的原因，他写道："我们不要忘记这部书是前世纪七十年代的产物，当时自由贸易主义在英国盛行一时，他们主张经济侵略，而不主张武力侵略。作者便属于这一派的，所以他反对巴麦尊的侵略政策，因之他的叙述，不专为英国侵略政策辩护。"① 在此处，齐思和指出了此书在鸦片战争研究中史料的价值，对有关史料作了深入的分析。

最后，齐思和简要论述了英国专门史中有关鸦片战争的记载。渥尔德和古赤主编的《剑桥英国外交史》有不少章节论及鸦片战争，但是该书的立场也是站在为英国侵略者辩护的立场上。威廉森的《英国向外发展史》对鸦片战争的经过有详细的叙述，作者认为鸦片战争的原因是1833年东印度公司对华贸易专利的取消，和中国方面实行严厉的禁烟政策，这完全歪曲了鸦片战争的真实原因。考斯丁的《大不列颠和中国1833—1860》一书，对鸦片战争有详细的叙述，该书根据英国档案馆所藏的公私档案，又参考了法国档案，挖掘了一些前人未经用过的史料，该书的史料价值相对较高。②

齐思和把众多英国史书，按照通史、近代史、专门史三个方面，从中梳理出对鸦片战争有记载的部分史书，并对这些与鸦片战争有关的英国史书作了分析、甄别，从事实判断与价值判断两个层面，指出了这些英国史书对鸦片战争研究的学术价值与参考意义。作为较早运用英国史料研究鸦片战争的学者，作为较早从英国史角度研究鸦片战争，齐思和的上述研究，扩大了鸦片战争研究的史料来源，有利于拓展研究者的学术视野。此外，《鸦片战争时期英国烟贩们是英国侵略中国的主谋》一文主要运用中外文史料，分析了鸦片战争爆发的原因很大程度上是英美鸦片贩子煽动与策划的。③《两次鸦片战争时期亚洲各国人民的抗英斗争》一文从亚洲范围详细论述了在鸦片战争前后，中国、阿富汗、伊朗、印度的抗英斗争④，较早地把世界史上的民族解放运动与鸦片战争结合起来论述，这些研究都大大拓展了鸦片战争的研究范围。

---

① 齐思和：《英国史里的鸦片战争》，《进步日报》1951年11月3日。

② 同上。

③ 齐思和：《鸦片战争时期英国烟贩们是英国侵略中国的主谋》，《光明日报》1953年6月27日。

④ 齐思和：《两次鸦片战争时期亚洲各国人民的抗英斗争》，《光明日报》1965年7月24日。

（二）魏源研究的里程碑

"魏源是中国近代史开端时期杰出的思想家、改革家、史学家和文学家"①，他主张经世致用，提出"师夷长技以制夷"，他具有强烈的爱国主义思想。在学术研究领域，魏源也是开风气的一代学者。1950 年齐思和发表《魏源与晚清学风》，深入探讨了晚清的学术流变，全面梳理了魏源的生平、学术交游、政治建树，高度评价了魏源的治学成就、学术思想。此文"系统而比较全面考究魏源的著作、事功，以至于深入地探索他的学术思想"②，被学界誉为魏源研究的"里程碑"③，是众多魏源研究成果中"论析最为概括而又贴切的开山力作"④，"标志着魏源研究进入了一个新的发展时期"⑤。

齐思和《魏源与晚清学风》一文不仅仅是梳理了魏源的学术成就，而且就晚清学术的发展提出了自己的观点。第一，指出清代学术风气经过三次变化，由清初的"志在讲求天下之利病"，到乾嘉时期的"趋于考据"，再到咸道以来的"经世致用"。在这三个阶段中，顾炎武、戴震、魏源分别为代表人物。《魏源与晚清学风》对清代学术发展脉络的梳理，甚为精当：

> 有清三百年间，学术风气凡三变。清初诸大儒，多明代遗老，痛空谈之亡国，恨书生之乏术，黜虚崇质，提倡实学。说经者则讲求典章名物，声音训诂，而厌薄玩弄性灵。讲学者亦以笃行实践为依归，不喜离事而言理。皆旨志在讲求天下之利病，隐求民族之复兴，此学风之一变也。其代表人物为顾炎武先生。至乾、嘉之世，清室君有天下，已逾百年，威立而政举，汉人已安于其治；且文网严密，士大夫讳言本朝事。于是学者群趋于考据一途，为纯学术的研究；而声音训诂之学，遂突过前代，此学风之再变也。其代表人物为戴东原先生。至道、咸以来，变乱叠起，国渐贫弱。学者又好言经世，以图富强，厌弃考证，以为无用，此学风之三变也。其代表人物为魏默深先生。

① 陈其泰、刘兰肖：《魏源评传》，南京大学出版社 2005 年版。
② 陈耀南：《魏源研究》前言，香港乾锡书屋 1979 年版，第 1 页。
③ 同上。
④ 夏剑钦：《魏源研究的回顾与展望》，《邵阳学院学报》2008 年第 5 期。
⑤ 夏剑钦：《魏源研究百年回眸》，《求索》2004 年第 7 期。

此三先生者，皆集前修之大成，继往而开来，守先而待后，系乎百余年学术之升沈者也。惟自来言清代学术者，借以汉学为主流，薄视经世派，以为肤浅。于顾、戴诸儒，推崇备至，至今顾、戴之名，已如日中天。而于魏氏则或厕诸刘、龚之间，或附见于文苑之末，皆以文士或章句之儒视之。呜呼，此岂先生之志哉？夫晚清学术界之风气，倡经世以谋富强，讲掌故以明国是，崇今文以谈变法，究舆地以筹边防。凡此数学，魏氏或倡导之，或光大之，汇众流于江河，为群望之所归。岂非一代之大儒，新学之蚕丛哉？顾世尚未有论列之者。惟王静安先生，怀淹贯之才，抱独往之识，谓晚清学术，实启于龚、魏。惜语焉不详，初学犹无以究其微旨。夫论事必究本末，治史尤贵特识。魏氏之学术地位不明，乌足以论列近百年来学术之源流乎？辄以暇日，加以论次，以质之于世之治近世学术思想者。①

梁启超在《清代学术概论》中，把清代学术分为两个阶段："有清一代学术，可纪者不少；其卓然成一潮流，带有时代运动色彩者，在前半期为'考证学'，在后半期为'今文学'，而今文学又实从考证学衍生而来。"② 齐思和不赞成梁启超的观点，认为"梁氏身与变法运动之役，于其师友在当时学术地位，不免夸饰。实则晚清学术，以经世为主，其提倡今文，亦在其通经致用，质文改制耳"③。与梁启超把清代学术分为前后两个时期不同，齐思和提出清代学风凡三变，在这三次变化中，魏源作为晚清学风转变的代表。这一论断对后来的学术界有不小的影响，"例如费正清、邓嗣禹合编的《中国对西方的反应》第三章'林则徐'项下，选择了魏源《海国图志·筹海篇》，并且以魏源和清初大师顾炎武、乾嘉学者戴震并列，推为清学三变的代表人物。这种说法，正是齐思和的影响"④。

第二，全面梳理魏源的生平、学术成就、师友交谊。尤为重要的是，齐思和在此文中，对魏源有一个全面的评价，认为魏源"集前修之大成，

---

① 齐思和：《魏源与晚清学风》，《燕京学报》1950 年第 39 期。

② 梁启超：《清代学术概论》自序，中国人民大学出版社 2004 年版，第 128 页。

③ 齐思和：《魏源与晚清学风》，《燕京学报》1950 年第 39 期。

④ 陈耀南：《魏源研究》前言，香港乾锡书屋 1979 年版，第 1 页。

继往而开来，守先而待后，系乎百余年学术之升沈"①，不愧为晚清学术运动的启蒙大师，这样的评价，无疑是合乎历史事实的，凸显了齐思和高明的史学见识。具体而言，在论述魏源的经世思想时，齐思和指出，魏源治学"既以通经致用为主旨，以为学问必施之于政事，然后其用始著，而其通经致用之目的则在富强也"②。通经致用与富国安邦，无疑紧扣魏源经世思想的内核。关于魏源的学术成就，齐思和认为魏源作《圣物记》《道光洋艘征抚记》的主旨在于"究本朝盛衰之由，兴替之渐，所以讲求拨乱之道，匡时之策者也"，其目的在于"察古以知今，治学以致用也"③。魏源的《海国图志》，被学界誉为"第一部有系统地研究外国史地的巨著"④，论魏源的外国史成就时，指出魏源是"当时之外洋史地学大家也"⑤。

　　总之，齐思和的魏源研究，在当时颇具开创性，具有里程碑意义。新中国成立至"文化大革命"前，"报刊发表的魏源研究论文及专著，虽然在数量上还非常有限，但其中颇有些开创性的重要作品，首先，1950 年12 月《燕京学报》发表的齐思和著《魏源与晚清学风》一文，可以说是对魏源著作、事功、思想进行专题研究且较全面论述的开山力作，标志着魏源研究进入了一个新的发展时期。……文中对魏源的经世思想与实政贡献、边疆域外史地、掌故治学、今文经学及其讲学交游等，都作了相当精要且又深度的介绍，且在论述其生平时作了大事年表，这些都给后来的研究者提供了良好的研究基础"⑥。这是学术界对齐思和魏源研究公允评价，彰显了齐思和在魏源研究方面的开创性贡献。

　　（三）中国近代史资料的编纂

　　齐思和不仅在中国近代史领域取得了重要贡献，他还在中国近代史的资料整理等方面，具有突出的成就。需要指出的是，齐思和的中国近代史研究是与其参与中国近代史资料整理活动密切相关的，尤其是其编纂的《中国近代史料丛刊》中的《鸦片战争》和《第二次鸦片战争》部分，深

---

①　齐思和：《魏源与晚清学风》，《燕京学报》1950 年第 39 期。

②　同上。

③　同上。

④　瞿林东：《中国史学史纲》，北京师范大学出版社 2010 年版，第 452 页。

⑤　齐思和：《魏源与晚清学风》，《燕京学报》1950 年第 39 期。

⑥　夏剑钦：《魏源研究百年回眸》，《求索》2004 年第 7 期。

刻反映了他在中国近代史方面的突出成就。

新中国成立后，中国史学会成立，史学会成立的初期的一项重要工作就是组织编纂《中国近代史料丛刊》，"《中国近代史资料》规模巨大，网罗齐备，堪称第一次为近代史研究者提供了系统、全面的史料"①。史学会成立初期的近代史资料编纂，取得了公认的成就，从史学会成立至1959年，《中国近代史资料》已经整理出版了十种史料专刊，具体包括1950年中国史学会主编的《义和团》、1952年向达主编的《太平天国》和白寿彝主编的《回民起义》、1953年翦伯赞主编的《戊戌变法》、1954年齐思和主编的《鸦片战争》、1955年邵循正的《中法战争》和1956年邵循正主编的《中日战争》、1957年柴德赓主编的《辛亥革命》和范文澜主编的《捻军》、1959年聂崇岐主编的《洋务运动》。

齐思和负责鸦片战争与第二次鸦片战争时段的史料整理与编辑。编辑整理鸦片战争时期的史料，是为了方便鸦片战争的学习与研究。为了编辑一部完整全面的鸦片战争史料汇编，他阅读了大量的相关史料，"广搜博采，遍及全国各大图书馆及私人藏书家"②。他搜集了200多种有关第一次鸦片战争的史料，这些史料包括官修书籍、私人著述、谕折汇编、地方志书、年谱、诗文、日记、笔记等，外文资料包括新闻报纸、私人著作、英国外交档案、议会决议文件等。齐思和从这些浩瀚的资料中"披沙沥金，细心选择，然后又对许多材料细加校勘，最后更分门别类，顺序排列，确实费尽匠心"③。史料的编选与整理不仅需要认真负责的态度，呕心沥血地用心去整理，还需要科学的方法。

有学者认为《中国近代史料丛刊》的整理编辑工作贯穿了两项重要的指导思想："一是除广泛采择记载近代历史的各种刊刻书籍外，尤其重视一般研究者不易见到档案及流传极少的私人著述的抄本、稿本，以求尽可能提供最有价值的资料。二是运用科学的整理方法，创立严密合理的体例，务求研究者使用的方便。如由齐思和主编的《鸦片战争》专题（共6册），共搜集到有关鸦片战争的论著、史料共200余种。凡已选录或未选录而较为重要的书籍，都将其作者、版本、主要史料价值，以及需加考辨

---

① 陈其泰：《〈中国近代史料丛刊〉的学术价值》，《浙江学刊》2002年第6期。

② 戚国淦：《诗坛巨匠　后学良师——怀念齐思和先生》，《世界历史》1982年第1期。

③ 同上。

的问题撰成《书目解题》，以供读者参考。又有从其他线索获知一些书名而未见原书的，则择要列于《书目解题》，以待进一步的访求。主编齐思和亲自撰写解题，共录书籍 256 种，分成马列主义经典著作、鸦片战争前中西通商史料、官修书籍及谕折汇编、私家纂著等七部分。据此，即可了解《丛刊》征引史料之广泛、门类之齐备。读者依据此书目的指导，即可便捷地找到所需要的其他有关史料原本。"① 可见，齐思和编纂鸦片战争有关史料，可谓呕心沥血，全力投入。

《鸦片战争》专题于 1954 年编辑完成后，于次年由上海神州国光社出版，至 1956 年、1957 年迅即两次再版，"足见本书所载录的史料具有很高的价值，才会如此受到学术界关注与欢迎"②。齐思和主编鸦片战争专题体现了理论性和指导性特点。编者在全书之前选录了马克思恩格斯论鸦片战争，在该书中马恩深刻地揭露了英国对中国鸦片走私的掠夺行为和发动侵略的非正义性，斥责英国政府宣传上的伪善面孔，同时分析中国处于东西方冲突的历史关口这一时代的特点。

作为《鸦片战争》专题的主编，齐思和在编辑有关史料时，遇到相关疑难问题时，他作了详细的考证，为学术界提供了有重要参考价值的考证性成果。③ 在鸦片战争期间，以及后来南京条约签订之后，民间出现了一批私人历史著作，记载了鸦片战争有关史事，站在反抗殖民侵略的正义立场，对投降派势力多有揭露，但由于当时投降派得势，这些揭露他们恶行的历史著作，大都不敢署真名。④ 齐思和等人通过搜集确凿的证据，对一些重要史料的作者细加考证。譬如，北京图书馆藏有抄本《夷舶入寇记》，又有抄本《夷艘入寇记》，南京图书馆也藏有抄本《英夷入寇记》，这三部抄本均无署名作者。齐思和在《鸦片战争》第六册书末书目解题中，对此作了详细考证与分析："各钞本皆不著作者姓名，盖恐触时讳，当时记载鸦片战争之书多如此。此书各传钞本，名称不一，实为一书。至于文字，稍有出入，乃钞本书之常事，不仅此书为然。是书事核文直，叙述有法，议论也有特识，与官书之粉饰欺罔者迥然不同，是以风行一时。

---

① 陈其泰：《〈中国近代史料丛刊〉的学术价值》，《浙江学刊》2002 年第 6 期。

② 同上。

③ 陈其泰：《新中国历史科学的盛举——论中国史学会主编〈中国近代史料丛刊〉的重大成就》，《当代中国史研究》2002 年第 2 期。

④ 陈其泰：《〈中国近代史料丛刊〉的学术价值》，《浙江学刊》2002 年第 6 期。

各书多征引之，目为信史，而知其究出谁氏之事。惟汤纪尚以为该文集出于魏源之手。按汤氏与魏氏为世交，知之甚稔，当极为可信。余取是书与魏氏《圣武记》中之《道光洋艘征抚记》细加比较，然后知两书本为一书。最近杜定友先生得一钞本，即署魏源默深著，则是书之出于魏源，又多一佐证。"① 在史料编纂中，甄别、考证史料的来源，甚至考证出有关史书的作者，反映了齐思和深刻的考证功底。后来虽有学者对此考证提出异议，但齐思和的结论仍然无法推翻。"半个世纪以来，有关此书作者以及在当时流传情况的考证成果，已为学术界广泛认同，即便曾有论者提出过异议，也因其所举证据不能成立而无法否定这一正确的结论。"② 此外，齐思和还主持整理了《黄爵滋奏议》《筹办夷务始末》等史料，为中国近代史学科建设作出了自己的贡献。

小　结

齐思和在中国史研究领域的成就，颇具特色，他研究先秦史，有很多研究成果为后来的考古发掘所确认，表现出深刻的考证功力；研治近代史，齐思和对清代学风变迁和魏源的评价，凸显过人的史识与历史洞察力；研究鸦片战争，他翻译并运用了大量外国原始史料，拓展了鸦片战争研究的史料基础。编纂近代史资料，甘为人梯，泽被后学，为后人研究中国近代史提供了极大的便利。

---

① 齐思和主编：《鸦片战争》（六），神州国光社 1954 年版，第 443 页。

② 陈其泰：《〈中国近代史料丛刊〉的学术价值》，《浙江学刊》2002 年第 6 期。

第三章

齐思和在世界史研究领域的开拓

在中国近代学术史上，世界史研究的地位，要远逊于中国史研究。在新中国成立前，世界史研究十分薄弱，世界史学科也未最终建立。严格来说，中国的世界史学科的奠基与成立是新中国成立之后的事情。在新中国成立前后，老一辈世界史学者，如杨人楩、耿淡如、周谷城、陈祖源、周鲠生、雷海宗、蒋孟引、阎宗临、齐思和、周一良、吴于廑等，为中国的世界史学科的发展呕心沥血，作出了不可磨灭的贡献。作为中国世界史研究的拓荒者之一，齐思和不仅在世界古代史领域颇有造诣，而且在世界现代史方面亦有开拓性的贡献。20 世纪 40 年代，齐思和首次在国内开设"西洋现代史"，并且出版了《世界现代史纲要·提纲与文件》（英文版）①，在此之前，齐思和还先后在北平师范大学和清华大学开设过"美国史""战后国际关系史"等课程，并且刊印讲义。② 这些课程的开设，以及相关讲义的编纂，开创了中国的世界现代史研究的先河，为新中国成立后世界史学科的奠定作了重要铺垫。新中国成立后，齐思和的治学重点转向世界史，尤其是世界古代史领域。1957 年，齐思和编著出版《世界中世纪史讲义》，这部教材是"我国解放后自己编写的第一部中古史教材"③。编写教材的同时，齐思和还编纂了世界中世纪史方面的资料，为世界中世纪学科建设付出了大量心血。他还对欧洲封建土地制度作了深入的研究，并且注意与中国的封建土地制度作横向比较。在研治世界中世纪史的同时，齐思和还对中西交通史的若干问题，提出过重要见解，

---

① 齐思和：《世界现代史纲要·提纲与文件》（英文版），燕京大学历史系刊行，1940 年。参见齐文心《先父齐思和的生平及著作简述》，《农业考古》2000 年第 3 期。

② 可惜这些讲义后来因故散失，笔者想方设法多次搜寻，也未寻到。

③ 马克垚的《学贯古今，史通中外——略论齐思和先生的史学》（《世界历史》1995 年第 2 期）也持此观点。

如他的《中国和拜占庭帝国的关系》，开中国与拜占庭帝国关系史研究之先河；他的《匈奴西迁及其在欧洲的活动》，首次考证出匈奴西迁的具体路线。

一　世界中世纪史学科的奠基

（一）"新中国第一部自编的世界中世纪史教材"

齐思和在中华人民共和国成立前曾研究世界古代史，在研究中国先秦有关问题时曾运用中西比较、中西互证的方法，故有着深厚的世界史功底。中华人民共和国成立后，齐思和与许多中西兼治的学者一样，接受国家的安排，主攻世界中古史。如周一良是魏晋南北朝史专家，中华人民共和国成立后被安排主讲日本史，这类现象在当时很普遍。"1958 年齐思和担任北大历史系世界古代史教研室主任，1978 年被推为中国世界中世纪史研究学会名誉理事长。"① 齐思和在世界古代史领域的成就主要编写了《世界中世纪史讲义》，主编了《世界通史（上古部分）》（周一良、吴于廑总主编），又主编了世界古代史方面的资料：《中世纪初期的西欧》《中世纪晚期的西欧》《世界中世纪史地图》，他还与吴晗合作编写了《世界历史小丛书》，与翦伯赞、聂崇岐、刘启戈合编了《中外历史年表》，发表了不少有重要学术价值的论文。其中齐思和所编《世界中世纪史讲义》，对世界古代史学科发展具有奠基意义。

《世界中世纪史讲义》是"解放后中国学者编写的第一部世界中古史教材"②。新中国成立后，史学界百废待兴，当时高校的世界中世纪史教材匮乏，不少学校都用国外的教材，给教学工作带来诸多不便。1953 年齐思和在北京大学历史系开设"世界中世纪史"课程，开始着手编写讲义。由于当时史学界都在学习马列主义理论，编写的新教材也必须贯彻唯物史观理论的指导，而当时国外的以唯物史观为指导的世界史著作，译介到国内的还很少见，可资借鉴的不多。齐思和充分发挥自身优势，力克各种困难，在讲课之余，用短短的一年时间，就编成了一部约 30 万字的《世界中世纪史讲义》。后来经过修改，于 1957 年由高等教育出版社出

---

① 萧良琼：《在史学上独辟蹊径的齐思和先生》，《燕京学报》新第 6 期，北京大学出版社 1999 年版。

② 戚国淦：《史坛巨匠　后学良师——怀念齐思和先生》，《世界历史》1982 年第 1 期。

版。这部教材，弥补了当时教学的空白，"为我国中世纪史奠定了基础"①。

作为新中国成立后世界中世纪史的拓荒之作，《世界中世纪史讲义》具有独特的编纂特点：第一，该书注意中国与亚欧各国关系的叙述，在不少地方设有专节叙述；第二，材料翔实，旁征博引。"至于材料的搜集，更见苦心，除征引大量原始材料和研究论文之外，人们还可以看到参阅的许多西方史学名著，诸如《剑桥中世纪史》《剑桥近代史》、吉本著《罗马帝国衰亡史》、利普森著《英国经济史》等书籍。当时用功之勤，可以想见。"②

此外，齐思和还主持了《世界通史》（上古部分）的编写工作。1961年全国文科教材会议后，中宣部、教育部领导下成立文科教材办公室，周扬负责，翦伯赞任历史组组长，郑天挺和周一良任副组长，并决定由周一良负责世界史教材的编写工作。当时编写组原意是集中各大高校世界史力量集体编写，无奈各校提交的稿子"水平参差不齐，体例五花八门，不能做修改基础"③。于是，世界史教科书编写组决定组织专家分段主编，齐思和负责上古部分，朱寰负责中古部分，张芝联、杨生茂、程秋原负责近代部分，周一良、吴于廑任总主编。实际上《世界通史》主要由上述五人具体执笔，周一良曾回忆说："我名为主编，实际除极个别章节外，绝大部分都是他们五人自己执笔，最后集体通读，由吴于廑和我总其成。"④这部四卷本《世界通史》于1962年在人民出版社出版。

四卷本《世界通史》的出版，是新中国第一次集体编撰的世界通史教科书。

"这部四卷本《世界通史》注意破除西方中心论的倾向，加强亚非拉部分，材料比较翔实可靠，采用一般接受的观点。虽然尚未彻底摆脱苏联教材窠臼，但较为合用，所以不少大学历史系采为教本。"⑤ 齐思和作为

① 马克垚：《学贯古今，史通中外——略论齐思和先生的史学》，《世界历史》1995年第2期。

② 齐文颖：《勤奋　创新　爱国——怀念先父齐思和先生百年诞辰》，《燕京学报》新第26期，北京大学出版社2009年版，第322页。

③ 周一良：《毕竟是书生》，北京十月文艺出版社1998年版，第51页。

④ 同上。

⑤ 同上。

四卷本《世界通史》上古部分的主编，为世界史教科书的最终出版，为新中国成立后世界史学科的最终奠定，起到了重要的作用。他还培养了一批优秀的青年学者，譬如在世界史学界颇有造诣的学者，如戚国淦、寿纪瑜、齐世荣、马克垚、杨生茂等，都曾不同程度受齐思和的指导。此外，齐思和致力于世界中世纪史史料的编译工作，他先后为《世界史资料丛刊》编写了《中世纪初期的西欧》和《中世纪晚期的西欧》，方便了该课程的教学科研，为世界中世纪史学科的奠定、发展，起到了基础性作用。

（二）世界中世纪史资料的编纂

齐思和在讲授世界史时，十分重视对史料的编纂。新中国成立伊始，世界史学科刚刚起步，国内各大高校收藏的世界史资料有限，十分不利于世界史教学的开展。齐思和响应国家号召，负责《世界史资料丛刊》中的《中世纪初期的西欧》和《中世纪晚期的西欧》两个分册，为世界中世纪史学科的奠定，作出了重要贡献。

《中世纪初期的西欧》1958 年由三联书店出版，1962 年起由商务印书馆再版。本册主要包括三个部分：第一部分选译了关于古日耳曼人的三篇重要史料，用以揭示日耳曼人原始公社制度的发展。第二部分包括法兰克王国 6—8 世纪的一些史料，主要说明法兰克社会向封建过渡的过程。第三部分主要包括查理大帝的 14 篇敕令的全文或重要条文，揭示法兰克封建制度形成后的生产方式、政治军事制度和思想文化。齐思和在序言里说明了编纂《中世纪初期的西欧》的初衷和主旨："在中世纪初期，西欧各国封建制度形成的过程，以法兰克的最为明确。因此恩格斯在阐明西欧封建制度形成的过程时，就以法兰克为典型。本分册就恩格斯的《家庭、私有制和国家的起源》中第七、八两章中所举的主要史料和其他一些较为重要的史料，加以选译，作为学习西欧中世纪初期历史的参考。"[①]《中世纪初期的西欧》全书共有近 13 万言，基本涵盖了中世纪早期西欧的主要史料，为世界中世纪教学、科研带来了便利。

《中世纪晚期的西欧》于 1962 年出版，全书共有 20 万字左右，共分为四大部分，第一个部分是关于新航路的开辟，选录了哥伦布和达伽马的

----

① 齐思和主编：《中世纪初期的西欧》"本分册说明"，商务印书馆 1962 年版。

航行过程，以及哥伦布至西班牙君主的信件，这些文件记载了他们航行的具体过程，反映了他们探险活动的动机。第二部分主要选录了文艺复兴的史料，侧重反映人文主义的史料，如入选的伊拉谟斯的《愚人颂》。第三部分主要是有关德意志宗教改革和农民战争，选录了马丁·路德的《九十五条论纲》全文、闵采尔的《书简》等，反映了德意志市民阶层的要求。第四部分主要是英国资本主义萌芽的有关史料，主要选译了反映 16—17 世纪初年英国社会结构和原始资本积累的 10 篇文献。"中世纪晚期起自 15 世纪末年地理大发现，迄于 17 世纪中叶英国资产阶级革命的爆发。在西欧这是资本主义生产关系开始出现和逐渐发展的时期，也是封建制度瓦解时期。为了配合中世纪史的学习，和为中世纪史班的课堂讨论提供一些基本资料。"① 齐思和主编的《中世纪初期的西欧》和《中世纪晚期的西欧》，"为世界中古史的教学参考资料奠定了基础"②。此外，齐思和还编有世界中古史教学参考地图，并参与翦伯赞主编的《中外历史年表》的编辑工作，担任副主编，主持编写了其中的外国史部分，这些都为方便后学，嘉惠良多，为世界史学科建设贡献了力量。

二　世界现代史学科的开拓

（一）世界现代史研究的先行者

齐思和是中国第一个开设"西洋现代史"课程的学者。著名世界近现代史学者齐世荣，曾是燕京大学的学生，受教于齐思和，1946 年曾亲聆齐思和开设的"西洋现代史"课程。齐世荣曾回忆道："中国人教外国现代史，这个鼻祖是谁，我要借这个机会说一下，是齐思和先生。有的人以为现代史是学习苏联之后才有的，其实不是，齐思和先生是第一个，当时在全国，外国现代史是各个学校都没有，中国教的只是近代史，现代史是受气的小媳妇，没有人重视，外国现代史更没有人重视，也没人能教，惟一的就是齐思和先生。"③ 需要指出的是，作为世界现代史的开拓者，齐思和在当时开设"西洋现代史"是有原因的。1937 年，日军占领北平，

---

① 齐思和主编：《中世纪晚期的西欧》"本分册说明"，商务印书馆 1962 年版。

② 马克垚：《史坛巨匠　后学良师——怀念齐思和先生》，《世界历史》1982 年第 1 期。

③ 齐世荣：《在纪念齐思和百年诞辰学术研讨会的讲话》，参见齐小玉整理《道德文章　高山仰止——"纪念齐思和先生百年诞辰学术研讨会"纪要》，《云梦学刊》2007 年第 6 期。

燕京大学竖起了美国国旗,作为美国教会学校,日军没有立即占领,直至
1941 年太平洋战争爆发,燕京大学才被日军占领。在这四年中,燕京大
学成为在北平为数不多的"孤岛",日军实施新闻封锁。为了突破日军信
息封锁,及时为学生传达当代世界最新发展的信息,齐思和想方设法,向
学生们传达世界局势的最新消息,为学生们树立抗战必胜的信心。当时学
生们将此课程视为了解外部世界的窗口,不管文科还是理科,都有很多学
生选修。1939 年燕京大学选修此课程者有 153 人,到 1940 年,选修此课
程的有 200 多人,要知道当时燕京大学的学生不过才四五百人。当时燕园
穆楼最大的教室 103 因此座无虚席,甚至连过道、门外都挤满了旁观者,
可谓盛况空前。[1]

　　齐思和除了开设"西洋现代史"课程之外,还编写过相关的教材、
资料。如 1935 年齐思和在北平师范大学开设"西洋现代史"课程,编
写了英文版的《西洋现代史纲要与文件》,1940 年在燕京大学历史系正
式出版。[2] 1942—1945 年,齐思和还在中国大学、天津工商学院(河北
大学前身)讲授"西洋现代史",并且编写有《西洋政治思想史讲义》。
这些讲义与教材,因故先后遗失,今天很难看到了。20 世纪三四十年
代,齐思和曾发表过一些有关世界现代史方面的论文,对一些世界现代
史的具体问题有过论述,如《国际联盟十年来工作之鸟瞰》《研究现代
国际问题之重要及其方法》《国际联盟的将来》《战后世界政治》《论强
权政治与强国的责任》《英苏外交论战述评》《与魏德迈特使论调整中
美关系》《欧洲的没落与欧洲的危机》《第一次战后和第二次战后》《四
强如何处分德国》等。

　　齐思和在 1941 年出版的《西洋史教学之基本问题》,对世界史包括世
界现代史的教学问题作了较为全面的论述,从中可以略窥齐思和的世界史
教学思想。

　　值得一提的是,《西洋史教学之基本问题》是燕京大学"西洋史小丛
书"之一种,按照齐思和的想法,燕京大学历史系要编一系列的西洋史教
学用书。"本丛书编刊之目的,在促进西洋史研究,增加西洋史教学效
能,提倡西洋史兴趣。为教师谋便利,为学者资参考,实改进西洋史教学

---

①　马克垚:《史坛巨匠　后学良师——怀念齐思和先生》,《世界历史》1982 年第 1 期。

②　齐文心:《先父齐思和生平及著作简述》,《农业考古》2000 年第 3 期。

之初步，亦以中国眼光研究西洋史之先声。"① 根据齐思和的计划，"西洋
史小丛书"包括以下六种：第一，齐思和编著《西洋史教学之基本问
题》；第二，（美籍教员）贝卢思编著《西洋史教学图表应用法》；第三，
王韦修编著《西洋近世国际条约辑要》；第四，齐思和编著《西洋史要籍
解题》；第五，齐思和编著《英美史书目举要》；第六，贝卢思、吴宗澄
编著《西洋史表解》。其中目前仅见齐思和的《西洋史教学之基本问题》，
其他几种，可能因为 1941 年 12 月太平洋战争爆发，燕京大学被日军占领
而作罢。

《西洋史教学之基本问题》集中反映了齐思和对当时世界史教学的反
思与总结，全书分为六章，第一章"西洋史教学之目的"，作者回顾自清
末学制改革以来，我国世界史的教学情况，进而分析了世界史教学的目
的，抑或史学的功用问题。齐思和认为："在我国，历史教育应以了解中
国问题与某将来出路为目标。无论中国史、外国史之教学，咸当以中国问
题为中心。或曰：'历史之大用，在于了解现在，推测将来。'"② 具体来
讲，西洋史的教学与研究，"小之可以助吾人了解中国之国际地位，大之
可以使吾人了解中国文化之特质，吾所谓西洋史之研究仍须以中国问题为
中心者也"③。第二章"以中国眼光治西洋史"，主要从方法论上，要求治
世界史者，必须站在中国的立场去研究世界史。譬如，应该注重研究各国
对华政策，研究英国史应该重视探讨英国发动鸦片战争的政治经济背景，
研究美国史应当关注美国对华侨的政策。第三章"现今我国西洋史教学之
缺点"，指出了当时世界史教学存在的诸多缺陷，如中西史事年代不能贯
通，中西比较意识缺乏，中国史教学与世界史教学严重脱节，没有相互呼
应。第四章"改进西洋史教学之方法"，主要针对当时世界史教学中出现
的种种弊病，提出了一些有益的建议。第一，就是要实行教学改革，编制
适合中国国情的教科书，新的世界史教科书应该能够达到"沟通中西，合
乎国情"的标准④；第二，除了世界史教科书的编纂之外，应当重视课外
参考书和辅助资料的整理与搜集，其中最重要的是"图"和"表"的整

① 齐思和：《西洋史小丛书编纂缘起》，《西洋史教学之基本问题》，北京涵雅堂书店 1940
年版。

② 齐思和：《西洋史教学之基本问题》，北京涵雅堂书店 1940 年版，第 4 页。

③ 同上书，第 7 页。

④ 同上书，第 21 页。

理、编纂，这里的"图"包括地图和图片、照片等史料。"表"主要指中西历史事表解、中西历史纪年表等。第五章"国别史之重要"和第六章"美国史之重要"则主要探讨了国别史与美国史在世界史教学中的重要地位，以期引起学界的重视。

齐思和对世界史教育现状的思考与总结，显示出独到的眼光，他对当时世界史教学中出现的种种问题，以及对这些问题的反思，都是走在时代前列的，尤其是对世界史教学目的的思考，对世界史教科书编纂的探研，对世界史教学方法的改进，都是在对当时中国世界史教学存在的问题以及薄弱环节的认真思考。而对国别史的重视，尤其是对美国史的重视，则显示出一定前瞻性，作者预感到美国将会在世界历史舞台扮演更为重要的角色。总的来说，在20世纪三四十年代，很少有学者对中国的世界史教学作整体的、深入的反思，齐思和的世界史教学思想，在当时是先进的，对当今的世界史教学、世界史学科建设亦有不少有益的启迪。

（二）倡导美国史研究

新中国成立前，美国史研究并未引起史学界足够的重视，研究成果与研究层次均显不足。"在新中国成立以前，美国史的研究和教学都十分薄弱，没有专门的研究机构和教学组织。第二次世界大战胜利以前的近半个世纪里，只在部分大城市设立的大学里开设过19门美国史课程，分布极不平衡。其中在上海高校设置的课程就有14门，占绝大多数。这些课程都是因人而设并随着人员的流动而变动，既不系统又不固定，且时断时续，其研究成果也十分有限，且多为译著。"①

1931—1935年，齐思和在美国哈佛大学攻读博士学位，他的研究方向即为美国史②，发表过一些有关美国史研究领域的文章③。1936年，齐思和在北平师范大学开设美国史，是当时讲授美国史的专家④，齐思和还

① 张友伦：《美国史研究百年回顾》，《历史研究》1997年第3期。

② 杨立文：《在齐思和百年诞辰学术研讨会上的发言》，参见齐小玉整理《道德文章　高山仰止——"纪念齐思和先生百年诞辰学术研讨会"纪要》，《云梦学刊》2007年第6期。

③ 齐思和在哈佛大学攻读博士学位期间，曾发表过有关美国黑人问题的文章，见杨立文《在齐思和百年诞辰学术研讨会上的发言》，参见齐小玉整理《道德文章　高山仰止——"纪念齐思和先生百年诞辰学术研讨会"纪要》，《云梦学刊》2007年第6期。

④ 黄安年：《在齐思和百年诞辰学术研讨会上的发言》，参见齐小玉整理《道德文章　高山仰止——"纪念齐思和先生百年诞辰学术研讨会"纪要》，《云梦学刊》2007年第6期。

编有《美国史讲义》①，并积极倡导美国史研究。发表了一些与美国史研究的文章，如《论研究美国史之重要》《一九三四与一九三五两年间美国之国际关系》《美国史书目举要》《英美争取学术独立的前例》等。《论研究美国史之重要》发表在《历史教育》杂志，全文重点论述了美国史研究在历史研究中的重要性。

首先，齐思和论述了研究世界史与研究国别史之间的内在联系，以及国别史研究的重要性，他写道："研究西洋近世史，通史须与国别史并重。不研究通史则不能了解西洋各国相互之关系，及其文化之全貌；不研究国别史，则不能知各国政治、社会、典章制度演变、发展之过程。泰西文化虽有其根本相同之点，读通史可知其异中之同，读专史可窥其同中之异，二者俱不可偏废也。故研究西洋史者，通史既粗知轮廓，最好再就一二重要国家，为较精深之探讨，庶于西洋文化之发展既知其大体，又知其细节，否则鲜不流于浮浅空泛。"② 可见，齐思和认为研究世界通史，必须与研究国别史结合起来，这样不仅避免流于浮浅，而且有助于更加全面把握世界史。

其次，齐思和认为国别史的研究，应该选择在世界史上比较重要且与中国关系较为密切的国家。为此他详细分析了世界上主要的国家，以及与中国关系密切的国家，对美国在世界上日趋重要的地位，以及与中国的关系越来越重要，故美国史的研究应引起中国学界的重视。

> 泰西诸国，于西方文化贡献最大，而同时与吾人关系最切，其历史为吾人所不可不详加考究者，盖莫如英法俄美四国。英法俄之史事，学者犹可于普通欧洲中近古史中得一简括之概念。独美国史，以吾国大学中所用近世西洋史之教本，类皆专讲欧洲，往往大学史学系毕业生，而与之缺乏常识者。此种现象殊有矫正之必要也。夫研究学

---

① 黄安年指出："我的同行和老友齐文颖是中国美国史研究会顾问，多年来她一直致力于寻找她父亲在北平师范大学讲授美国史和史学概论讲义的下落，她曾试图通过北京师范大学档案馆、北师大图书馆、师大校友会寻找齐先生的原始讲义，但一直没有发现。"参见黄安年《融中外史学于一体的课程新体系——读〈齐思和史学概论讲义〉》，《云梦学刊》2007年第4期。又见《史学理论与史学史学刊》2007年卷，社会科学文献出版社。可见齐思和的《美国史讲义》因故没有保存下来。

② 齐思和：《论研究美国史之重要》，《历史教育》1937年第1期。

术，须适于国家社会之需要。如南美中美诸国，加拿大殖民地，在世界政治上、文化上，可谓最无足轻重矣。而美人研究其史事不遗余力，大学史系，皆设专科。以诸邦与美国政治经济之关系，极为密切也。此种学以致用之精神，吾人最宜仿效。美国与中国虽远隔重洋，而现代交通之便，已成邻国。其与吾人在政治上，经济上，文化上之关系，较其他西洋诸国为尤切。美国自革命成功后，即努力与远东贸易，及至鸦片战争终了，英人与中国订《南京条约》，美国遂乘机与吾人订《黄埔条约》，是为中美正式缔结条约之始。此后中美贸易日增，交涉愈繁。中国与列强之交涉，美国殆皆直接间接，参与其事；亦与他国不一。迨两美战争后，美国一跃而为太平洋上之霸权，与吾国关系益密。其所倡之门户开放主义，机会均等主义，均几拯救中国于瓜分之祸。大战以后，美国一跃成为世界第一强国，其一举一动，关系与吾人存亡者尤钜，如其所主持之太平洋会议，为中国现今国际地位之基础。"九一八"后，其对日本之政策，对俄之复交，对国联之态度，皆与吾人大有关系。其对于远东究持何基本的政策？其对于中国日俄将来的态度，又将如何者？此皆吾人不可不加之意者也。①

在这段话中齐思和表达了三层意思：其一，美国在当时世界舞台上扮演着重要的角色，越来越左右着世界的局势；其二，美国与中国关系日益密切，美国的举动对中国的影响极其重要；其三，美国史在国内的研究中尚显不足，美国史在教科书、学校教育中没有得到应有的重视。总的来说，齐思和强调美国史研究的重要性和必要性。

最后，齐思和提出了研究美国史的主旨。

抑吾人于美国史之研究，目的不仅在于观察对华政策，而谋一应付之道。吾人如欲研究现代西方文化，与其将来之趋势，亦须以美国为代表。夫现代文明之基础，为机器与科学，易言之，即科学的生产技术也。至于政治之组织，社会之结构，以及学术思想，皆建筑于此生产技术基础之上。

……

---

① 齐思和：《论研究美国史之重要》，《历史教育》1937 年第 1 期。

吾人研究美国史，须首先注意各部社会经济之发展，典章制度之演变。条理万千，捉摸非易。故研究美国史之繁难，直不可与其他西洋国别史，相提并论。此乃个人年来之经验，想同好者必以为然者也。①

也就是说，研究美国史，不仅仅是要关注美国的对华政策，而且要重视研究美国的社会经济、政治制度、文化思想，即应当展开全面的研究。只有对美国历史作充分的研究，才有可能对美国未来的发展走势，以及对外政策，有大致的预判。正所谓"欲了解其现在，推测其将来，须研究其过去"②。

为了方便学术界更好地开展美国史研究，齐思和还撰写了《美国史书目举要》，对美国史的主要书籍作了介绍③。齐思和大声疾呼美国史的重要性，积极倡导美国史研究，他本人在大学开设美国史课程，编写《美国史讲义》，从一定程度上促使了美国史研究的进步。

三　中西交通史研究的突出成就

（一）中国与拜占庭帝国关系史研究之先驱

罗马帝国是世界历史上重要的研究对象之一，公元 330 年罗马帝国迁都君士坦丁堡，公元 395 年罗马帝国分裂为东、西罗马帝国两个部分，西罗马帝国灭亡后，东罗马帝国继续存在了近千年之久，东罗马帝国又称拜占庭帝国，中国古代史书称其为"大秦"或"萧菻"。拜占庭帝国作为世界历史上的大国，中国古代曾与拜占庭帝国有过经济、文化层面的交流，研究古代中国与拜占庭帝国的关系，是中西交通史的一个重要方面，齐思和在此领域亦有建树。1955 年，齐思和发表《中国和拜占庭帝国的关系》一文④，后来由出版社出版单行本⑤。"先生撰写《中国和拜占庭帝国的关系》时，广泛搜集中国史籍有关拜占庭的资料，参考西方学者如玉尔、吉本、夏特等名家的著作，以中国和拜占庭双方史料互相印证，指出自东汉

---

① 齐思和：《论研究美国史之重要》，《历史教育》1937 年第 1 期。

② 同上。

③ 齐思和：《美国史书目举要》，《史学年报》1937 年第 2 卷第 4 期。

④ 此文发表于《北京大学学报》（哲学社会科学版）1955 年第 1 期。

⑤ 1956 年上海人民出版社出版单行本的《中国与拜占庭帝国的关系》。

至明初的 1300 多年间，两国通使、通商关系，绵延不断，而且在南北朝、隋唐时期相当密切，从而补足了拜占庭史书的缺略。"① 此文发表后，引起国内外史学界的高度重视，曾被译成俄文，转载在苏联的《拜占庭》杂志上。②

拜占庭帝国鼎盛时期，与中国在政治、经济、文化、宗教等方面都存在不同程度联系，因此全面梳理中国与拜占庭帝国的关系，对于丰富中西交通史研究，大有裨益。《中国和拜占庭帝国的关系》全书共有四个部分，依次是"前言""中国史书中关于拜占庭的记载""拜占庭输入中国的商品""拜占庭传入中国的民间杂技与宗教信仰"。

第一，"前言"部分主要论述了撰写该书的目的，以及该书的主要内容。齐思和明确提出撰写该书目的在于反对西欧中心论，还原拜占庭帝国在世界历史上的重要地位，尤其是在沟通中西文化、经济方面所起到的桥梁作用。为此，他写道："拜占庭当西罗马帝国灭亡后，屹立千载，在世界史中占有重要的地位，当西欧古典文化遭到最严重的破坏的时候，拜占庭不但保存了欧洲的文化，并且将它加以发展，传播于东、西欧各国，对于此后的欧洲文化的发展起了很大的作用，拜占庭地居欧亚之间，是中世纪东西通商要道。当时君士但丁堡是拥有 100 万左右人口的大都市，是东西商人聚集之地，对与沟通商品转运，促进文化交流都起到了桥梁作用。马克思指出，君士但丁堡是东西两方的黄金桥梁，又说君士但丁堡是整个东西双方奢侈和贫困的主要中心，但是高唱西欧中心论的政治经济的历史家却有意贬低拜占庭的历史地位。"③

本书的主要内容，不仅梳理中国古代文献中有关拜占庭的历史记载，并且与国外的文献互相比较、印证，从而对于拜占庭帝国历史的若干问题，加以研究。"中国很早的时候就和拜占庭发生了行业和文化的关系，因之在极端丰富的中国古代文献中，保存了不少关于拜占庭的重要史料。这些史料不但可以和西方的记载互相补充、互相印证，并且有的也可以用来解决拜占庭历史中的某些问题。这些资料，有的已经引起中外历史家的

---

① 马克垚：《学贯古今，史通中外——略论齐思和先生的史学》，《世界历史》1995 年第 2 期。

② 齐文心：《先父齐思和生平及著作简述》，《农业考古》2000 年第 3 期。

③ 齐思和：《中国与拜占庭帝国的关系》前言，上海人民出版社 1956 年版，第 1—2 页。

注意，有的还有待于提供研究。本书的目的，就是试就中国古代文献中关于拜占庭帝国的记载，与拜占庭的史料加以比较研究，并试就拜占庭史的几个问题，提出初步意见。"①

第二，在"中国史书中关于拜占庭的记载"一章中，齐思和上下钩稽，梳理了历代文献中对拜占庭的记载，使中国与拜占庭的交流史脉络逐渐清晰起来。齐思和结合国外有关史料，详细考证了古代中国与拜占庭的交往。

齐思和认为在中国史书中，最早对拜占庭记载的是《魏书》，《史记》《汉书》《后汉书》中有关"大秦""拂菻"的记载，指的是整个罗马帝国。"中国史书中，关于拜占庭最早的记载是《魏书·西域传》中的《大秦传》。按北魏亡于公元 550 年。据《北史·魏收传》，《魏书》成于公元 554 年（北齐天保五年），距西罗马帝国灭亡已将 80 年。据《魏书·西域传》，北魏盛时与西亚诸国交通频繁，粟特、波斯等国都尝来聘。这些国家都是和拜占庭关系密切的邻国，对于拜占庭情形非常熟悉。因此，《魏书》中的大秦，乃指拜占庭而非早已灭亡的西罗马，可以断言。"② 齐思和还从养蚕的方法传入拜占庭的时间来推断，进一步证明了《魏书》对拜占庭的最早记载。"按六世纪初年，蚕子和养蚕的方法才由中国传入拜占庭，种桑养蚕是拜占庭帝国时事，这是《魏书》中的大秦乃指拜占庭的一个证据。"③

隋唐时期，中国国家统一，经济发展，疆域辽阔，国力强大，中西交通得到进一步发展。《旧唐书·拂菻传》记载，有唐一代，拜占庭与中国通使凡 5 次。中国与拜占庭帝国建立了直接的通商、通使关系。拜占庭的景教也随之传入中国，此时中国史籍中关于拜占庭的记载，也较以前更为明确详细。譬如《通典》中就曾对拜占庭的地理位置、民风国情、政府制度、地方特产等有较为详细的记载。④ 齐思和在与西方史料比较的基础上，对唐代史籍关于拜占庭的记载作了考证与分析，他认为唐代文献的价值在于："关于拜占庭的地理位置较以前的史书更加明确了"；"文中所载

① 齐思和：《中国与拜占庭帝国的关系》前言，上海人民出版社 1956 年版，第 2—3 页。

② 同上书，第 7—8 页。

③ 同上书，第 8 页。

④ 杜佑：《通典》卷 193 边防典 9 西戎 5 大秦条，北京图书馆出版社 2006 年版。

君士但丁堡宫殿的壮丽，城垣的雄伟，亦系实在情形，可以和西方的史料互相印证"。"《传》中谓拜占庭有贵臣12人，与王共治国政。按拜占庭当时有12大臣，各分住在拜占庭的城中与近郊。《传》中所言与拜占庭制度正相吻合。"①《旧唐书·拂菻传》所载拜占庭与唐朝通使的史料，可以补充西方各国研究中西交通史的缺漏，齐思和对中西史料的钩稽、比较，通过中西史料比较、中西史料的互证，使唐代文献的史料价值得以凸显。

第三，考证了中国育蚕法传入拜占庭的过程以及拜占庭输入中国商品的种类。

中国蚕丝和丝绸，早在汉代就已经通过丝绸之路，远销西域、波斯、罗马帝国。丝绸成为拜占庭贵族阶层的奢侈品，但是拜占庭的丝绸仰仗于波斯商人的供给，波斯商人往往从中获取高额利润。再加上拜占庭与波斯常常发生战争，丝绸贸易常常中断，拜占庭亟待获取育蚕法，从根本上解决丝绸不足的矛盾。齐思和广泛搜罗中西史料，最后考证出拜占庭获得育蚕法具体时间。"直到552年，（拜占庭）才从中国得到了蚕子和学会了育蚕缫丝的方法。"②

中国的丝绸、育蚕法传入拜占庭，拜占庭也有不少商品传入中国。齐思和批判了18世纪英国历史学家吉本的错误观点，吉本在论及东、西罗马帝国与中国、印度的商业关系时，认为中国的蚕丝、印度的珠宝香料大量输入罗马，而中国和印度并不需要罗马的商品，罗马完全是以现金来偿付这些奢侈品的。③齐思和针对吉本这种错误的说法，根据中国史料记载，作了有力驳斥，他说："关于拜占庭输入中国的商品的商业关系说来，在拜占庭的文献中很缺乏，但是在中国的文献中却是很丰富的。从中国的古代文献中看来，拜占庭输入中国的商品种类繁多，都是价值昂贵、供贵族享用的奢侈品。拜占庭用这些价值昂贵的奢侈品来和中国进行交易，并非专用黄金向中国购买商品。"④齐思和指出，中国历代钱谱并未著录过拜占庭的货币，拜占庭货币在国内考古发掘中也比较少见，这也从

---

① 齐思和：《中国与拜占庭帝国的关系》，上海人民出版社1956年版，第14页。

② 同上书，第21页。

③ ［英］爱德华·吉本：《罗马帝国衰亡史》第一卷，席代岳译，吉林人民出版社2008年版，第55页。

④ 齐思和：《中国与拜占庭帝国的关系》，上海人民出版社1956年版，第25页。

侧面证明了吉本观点的错误。关于拜占庭传入中国商品的种类，著名的中西交通史专家张星烺曾作过考察①，对研究中国与拜占庭的商业关系有所帮助，齐思和在继承张星烺的研究成果基础上，指出了张氏研究存在之不足，"第一，他未参考《太平御览》等书，因之内容犹未完备；第二，他未曾详考各种物产的来源，不知中国古书中所载的大秦物产，其中一大部分并非大秦的出产，而是由拜占庭的商人贩运来华的"②。由于中西交通的不便，拜占庭传入中国的货物大多是奢侈品。"因为在当时交通运输的条件极端困难的情形下，只有携带轻便、价值昂贵、一本万利的货物，才可以而且值得转运到路途遥远的地方。"③ 经过齐思和考证，拜占庭传入中国的物产主要有玻璃、琉璃、珊瑚、车渠、水晶、琅玕、苏和、熏陆、郁金香、珠、玳瑁、琥珀等 16 种。

此外，齐思和考证了拜占庭传入中国的民间杂技幻术，他引用《汉书》《三国志》《新唐书》《通典·乐典》等古籍中的有关记载，考证出幻术最初是由拜占庭传入的。拜占庭还有宗教传入中国，即景教，景教是基督教的一支，于唐代传入中国，这是基督教传入中国的开始。④

综上所述，齐思和指出了中国与拜占庭帝国的关系在南北朝、隋、唐时期是相当的。拜占庭帝国在东西商品交换、文化交流方面都起了桥梁作用。齐思和提出研究世界史，应当和中国史结合起来，尤其要注意中西经济文化交流。"学习世界史的人，往往以为在上古中古时期，我们和西方的关系较少，因而感觉到这些地区在当时对于中国是遥远的，这一部分史实对于我们是较难理解的。这种观念之所以发生，是因为未曾注意到将世界史和中国史密切联系起来进行研究。因此我们今后研究世界史应当注意中国文化和世界各国文化间的相互关系，特别要注意中国文化在世界史各时代所占的地位以及对世界各国文化给中国文化的影响。只有各个国家的史学家把他本国史籍中所保存的与世界史有关的资料提供出来，并予以正确的研究，才能丰富世

---

① 张星烺：《中西交通史料汇编》第 1 册，中华书局 2003 年版。

② 齐思和：《中国与拜占庭帝国的关系》，上海人民出版社 1956 年版，第 26 页。

③ 同上书，第 31 页。

④ 同上书，第 35 页。

界史的内容。"① 可见，齐思和通过对拜占庭帝国与中国关系的研究，切身体会到，研究世界史要与中国史相结合，尤其是要充分利用中国史籍中有关域外记载，注意研究中外历史进程之间存在的内在联系，尤其是经济、文化的联系，通过对相关史料的中西比较、中西互证，从而推进世界史研究。

（二）首次考证匈奴西迁路线

齐思和以其深厚的史学根基，从浩瀚的史料史籍中，解答了一些前人、古人、外国人没有解决的问题。② 如匈奴西迁问题，是长期困扰中外史学界的一个公案。匈奴是我国历史上重要的少数民族之一，长期在北方草原活动，东汉时期分裂为南北二部，南匈奴逐渐南迁臣服汉室，北匈奴则与汉朝为敌，公元 91 年，北匈奴为东汉耿夔所破，被迫西迁，从此"逃亡不知所在"③。200 多年后，公元 374 年，一支号称匈人的强大骑兵突然出现在东欧的东哥特国境内，匈人很快征服了东哥特，接着挥戈西上，击败了西哥特人，将他们赶到多瑙河以南罗马帝国境内，罗马帝国皇帝御驾亲征，兵败阵亡，全欧大震。匈人很快占领匈牙利平原，建立起强大的国家，在以后的几十年中，匈奴积极向外扩张，席卷了欧洲大部，沉重打击了腐朽的罗马帝国，客观上促使了欧洲奴隶制的瓦解。

"匈奴西迁问题——包括匈人来源问题和匈人是否是匈奴人的问题——在西方史学界是一个长期争辩的问题。"④ 直到 18 世纪，法国历史学家者德·揆尼才根据中国史书记载，在其《匈奴、突厥、蒙古及其他西部鞑靼各族通史》一书中指出这支匈人即中国历史上的匈奴。⑤ 英国史学家吉本在他的《罗马帝国衰亡史》这部名著中，又重申了德·揆尼的观点。他们都未考证出匈奴西迁的具体过程，吉本还认为作出这种考证"是不可能的"，"从匈奴抵达伏尔加河，在中国人眼中消失，到出现在罗马

---

① 同上书，第 37 页。

② 齐文颖：《勤奋　爱国　创新——纪念先父齐思和百年诞辰》，《燕京学报》新第 26 期，北京大学出版社 2009 年版，第 322 页。

③ 范晔：《后汉书》卷八九，中华书局 1965 年版，第 2954 页。

④ 马克垚：《学贯古今，史通中外——略论齐思和先生的史学》，《世界历史》1995 年第 2 期。

⑤ ［法］德·揆尼：《匈奴、突厥、蒙古及其他西部鞑靼各族通史》，巴黎 1770 年版，转引自齐思和《中国史探研》，河北教育出版社 2003 年版，第 412 页。

人的面前，几百年时光转瞬而过，这段时间的历史陷入黑暗，无人知晓"①。后来虽然有一些学者承认匈人即匈奴，但对于匈奴西迁经过，都一片茫然。西学东渐之后，匈人与匈奴的关系逐渐引起中国学者的兴趣，19 世纪末，清廷驻俄使节洪钧在他所著的《元史译文证补》一书中，介绍了匈人源于匈奴的观点。后来王先谦在他的《后汉书集解》的注解里，引述过洪钧的这些关于匈人的文字。此后，"匈人即匈奴"的观点，开始在中国学界流传。章太炎和梁启超也都注意到西迁的匈奴与匈人之间的关系。中西学界有相互呼应之势，但由于当时学界对欧洲历史所知有限，对于匈奴西迁的具体路线与过程，尚未得以解决。

齐思和经过长期思索与考证，在浩如烟海中外史籍与史料中，上下钩稽，考证出了北匈奴西迁的路线，他认为，北匈奴自公元 91 年败于东汉离开漠北王庭，至公元 4 世纪出现于东欧，其间向西迁移经历了四个时期，悦般时期（约公元 91—160 年）；康居时期（约公元 160—260 年）；粟特时期（约公元 260—350 年）；阿兰时期（约公元 350—374 年）。② 齐思和本打算就匈奴西迁问题写一本专著，提纲已经写好，并且整理出一部分资料，然而因积劳成疾病逝未成。③

齐思和此文发表后，在国内学术界产生了巨大影响，探讨匈奴西迁的文章如雨后春笋，络绎不绝。④ 但是这些文章，或受齐思和文章的启发，对齐文作进一步补充论证，或是对齐文的某一个观点提出质疑，均不能从根本推翻齐思和的论点。齐思和广泛搜集中国古代有关史料，并且参考中

---

① ［英］爱德华·吉本：《罗马帝国衰亡史》第二卷，席代岳译，吉林人民出版社 2008 年版，第 328 页。

② 齐思和：《匈奴西迁及其在欧洲的活动》，《历史研究》1977 年第 3 期。

③ 齐文颖：《勤奋 创新 爱国——纪念齐思和先生百年诞辰》，《燕京学报》新第 26 期，北京大学出版社，第 322 页。

④ 这些文章主要有：肖之兴：《关于匈奴西迁过程的探讨》，《历史研究》1978 年第 7 期；林幹：《北匈奴西迁考略》，《内蒙古社会科学》1984 年第 1 期；杜亚雄：《匈奴西迁及其民歌在欧洲的影响——兼答罗—塔·安德拉斯教授》，《中国音乐》1984 年第 3 期；舒顺林：《略论北匈奴西迁的原因》，《内蒙古师范大学学报》（哲学社会科学版）1986 年第 3 期；王彦辉：《北匈奴西迁欧洲的历史考察》，《东北师范大学学报》1989 年第 3 期；马利清：《关于北匈奴西迁的考古学新探索》，《内蒙古社会科学》（汉文版）2004 年第 1 期；林子明：《杂说匈奴西迁》，《书屋》2007 年第 2 期；韩景轩：《读齐思和先生的〈匈奴西迁及其在欧洲的活动〉》，《社科纵横》（新理论版）2008 年第 1 期；闵海霞、崔明德：《略论北匈奴西迁的原因》，《齐鲁学刊》2008 年第 3 期，等等。

外学者的考证结果，认真考察西域地理情况，推敲匈奴西迁的路线，"大体上辨识出匈奴西迁行踪，并作四个阶段加以叙述，文章还追述了匈奴在迁徙前的历史发展，并评论了匈奴进入欧洲以后的活动，使人们对这次迁徙看得更加清晰，更加完整。文章基本上解答了两个世纪以来悬而未决的问题，这是先生对世界历史研究做出的最后一个贡献"①。戚国淦是著名世界史学者，他对齐思和在匈奴西迁问题上的成就的评价，无疑是客观公允的，从侧面说明齐思和学识的博大精深，以及善于通过细致入微的考证和缜密的逻辑推理，克服历史记载的空白，得出相对合理的考证结果。

值得注意的是，随着学界对匈奴西迁问题研究的不断深入，齐文提出的某些问题可能有待商榷，但是齐思和作为国内首个全面梳理匈奴西迁路线的学者，他对匈奴西迁史的研究的重要贡献，将镌刻史册。著名世界史学者马克垚评论道："1977年，齐先生在其研究历史上民族大迁徙运动的基础上，写成《匈奴西迁及其在欧洲的活动》一文，详细论证了历史上匈奴西迁的过程，大体上辨识出了匈奴西迁的具体地理位置。此文后来引起不同意见，展开讨论，虽然匈奴西迁问题迄今仍未解决，但先生所述仍是重要的一家之言。"② 可见，齐思和对匈奴西迁路线的研究，具有开创性的学术意义，对于后来匈奴西迁问题的研究，提出了重要的一家之言，为此问题的继续深入研究提供了重要思路。

小　结

齐思和研究世界史，从世界古代史、世界中世纪史到世界现代史，他都有研究成果问世，在世界史研究领域达到了会通古今的高度。他在世界史学科建设的主要贡献为，编纂新中国第一部世界中世纪史教材，参与新中国第一部集体编写的《世界通史》，负责世界上古史部分。他还主编了《世界史资料丛刊》中的《中世纪早期的西欧》和《中世纪晚期的西欧》两个分册。齐思和还是第一个在中国讲授世界现代史的学者，并且编写有相关讲义。这些在世界史领域开拓性的贡献，奠定了齐思和在中国的世界史学科发展史上的重要地位。

---

① 戚国淦：《史坛巨匠　后学良师——怀念齐思和先生》，《世界历史》1982年第1期。
② 马克垚：《学贯古今，史通中外——略论齐思和先生的史学》，《世界历史》1995年第2期。

第四章

齐思和的史学批评活动与史学理论探索

　　"自从瞿林东在 20 世纪 90 年代率先倡导开展'史学批评'的研究，并于 1994 年撰写出版了《中国古代史学批评纵横》一书后，在我国的历史学研究领域，史学批评研究逐渐展开。"[1] 周祥森认为："史学评论科学是历史科学的一个部门，其本身也可以区分为经验史学评论和理论史学评论两个层次不同的领域和实际发展阶段。经验史学评论，我把它理解为史学的批评而非理论史学评论，我把它看做是'批评的史学'。"周祥森还进一步提出："建立一门'批评的史学'，使史学评论从经验的、实证的科学阶段提高到'真正思辨哲学'的理论科学阶段，并在建立起来之后返回到经验史学评论实践领域进行检验，这是当代中国历史学家不可推卸的工作。"[2]

　　随着历史学研究不断深入，史学批评就应运而生。史学批评更多的是对历史学研究的一种反思，一种升华，它有助于矫正历史学研究中出现的问题。在中国近代史坛，齐思和是一位极其重视史学批评的学者，他一生撰写了 30 余篇史学批评文章，评论了大约 40 种著作，他还关注中国史学发展趋势，注重对中国史学发展过程中出现的问题，作出总结、评论。探讨齐思和的史学批评，主要从史学批评的旨趣、史学批评的视野、史学批评的特点等几个方面进行分析。在进行史学批评的同时，齐思和注重从史学批评中发现问题，并重视对相关问题的探索。如他在 20 世纪 30 年代撰

---

　　① 张越：《史学批评与史学理论及史学史学科的关系》，《史学史通论与近现代中国史学研究》，北京师范大学出版社 2011 年版，第 60 页。

　　② 周祥森：《史学的批评与批评的史学》，河南大学出版社 2007 年版，第 1、8 页。

文批评当时中国史学界"史学理论之幼稚"①，为此他十分重视史学理论的探索，1936年，齐思和编撰了《史学概论讲义》，并发表了不少相关的文章，对历史学的性质、史料的分类、旧史改造与通史编纂、史家的素养、史学的功用等问题，多有论述，显示出较高的理论素养。

一　关于史学批评活动

(一)　鲜明的史学批评旨趣

史学批评是史学发展中的一个重要现象，一般说来，其讨论的内容及其作用，主要表现为"对有关史家、史书、史学现象等史学问题发表评论性、商榷性意见与见解，其功用是联系史学与社会公众的桥梁，也是推动史学不断发展的内部动因之一"②。这就是说，史学的发展离不开史学批评，而史学批评反过来促进史学的进步。中国古代素有重视史学批评的优良传统，出现了一批具有重要学术价值的史学批评著作。近代以来，中国学者继承了这一优良的史学传统。同时，由于西方新理论、新方法的传入，新旧、中西学术之间的碰撞与摩擦，使近代中国史坛流派纷呈，各种思潮、流派纷纷各抒己见，有的还相互论战，浓厚的学术批评氛围，有力推动了史学批评的发展。齐思和在20世纪上半期撰写了大量的史学评论③，这在当时的中国史坛是独具特色的。我们先谈齐思和的史学批评旨趣。

研究某个史家的史学批评，首先应该关注该史家的史学批评旨趣。齐思和的史学批评旨趣，从其相关论述中可以略窥一二。在燕京大学读书期间，齐思和主编《史学年报》，他在"发刊辞"中写道："吾国史学，渊源最早，而以其进步迟缓之故，及至今日反落欧西诸国之后。"④ 希望中国史学摆脱落后局面的殷切之意，是齐思和开展史学批评的动力之一。在之后的一篇文章中，他又写道："近二年来，我国史学建设之成绩，已有可观。往事不忘，来事之师也，不有综述，何资镜考？假期多暇，略加诠次。凡所论列，与考古之发现，必根据发掘者之报告，于新出书籍，必择

---

① 齐思和：《评十九年出版各家史学新著》，《国闻周报》1931年第8卷第4期。

② 瞿林东：《史学批评的宗旨和史学文化的意义》，瞿林东主编《史学批评与史学文化研究》，黑龙江人民出版社2009年版，第1页。

③ 根据笔者统计，齐思和共撰写了30余篇史学评论，评论了40余部史学著作。

④ 齐思和：《〈史学年报〉发刊辞》，《史学年报》1929年第1期。

取各家之评论，其无他家评论者，始略抒管窥，藉共商榷。"① 这段话集中表明了齐思和对史学批评的认识，在他看来，史学批评的对象包括"考古之发现""新出书籍"等。史学批评的目的是希望通过对当时史学界的史学成就的"综述"与"评论"，达到"来事之师""资镜考"的功效。也就是说，通过"藉共商榷"的史学批评，探讨史学发展之得失，为中国史学发展总结经验教训，进而推动中国史学的发展，这就是齐思和史学批评的旨趣所在。

齐思和在《评十九年出版各家史学新著》一文中，对 1930 年出版的三部《史学概论》作了分析评介，并从中西比较的视角批评道："国人对于史学理论之幼稚，从可知矣。时至今日，吾国史学已大落人后，乃有目共睹之事实。"② 1946 年，齐思和撰写《现代中国史学评论——掌故派与社会学派》一文，再次表达了对中国史学发展落后的忧虑，"我们的史学在过去虽有灿烂的历史，卓越的成就，惊人的数量，和过去的西洋史学比较起来，非但毫无愧色，而且在许多方面，实在是超过他们。但是……前人的著作，其体例和方法已经不能满足现代人的需要"③。齐思和的《近百年来中国史学的发展》一文，开端即提出了"中国史学何以落了伍?"④ 这些字里行间，饱含了作者对中国古代史学之成就的自豪，以及对近代以来中国史学落伍于西方史学现状的深深忧虑，这种忧虑与反思，促使他在史学活动中将研究与批评相结合。有学者认为："齐思和先生在战国史、世界中世纪史、中西交通史、史学理论等方面都有很多重要创见。"这些创见与其重视史学批评有着紧密联系，"他那时所受的教育，在一定意义上说，历史科学是一门批评科学，离不开学术批评，齐思和先生发表的很多文章都是建立在批评前人研究的基础上提出的"⑤。对中国史学落后现状的忧虑，是齐思和开展史学批评的动力所在。

总之，从中西比较的视角，指出中国史学的落后现状。将史学研究与史学批评相结合，在史学研究中开展史学批评，以史学批评促使史学研究，通过史学批评提高对相关领域的理论认识。"史学批评是史学理论发

---

①　齐思和：《最近二年来之中国史学界》，《朝华月刊》1931 年第 2 卷第 3、4 期合刊。

②　齐思和：《评十九年出版各家史学新著》，《新闻周报》1930 年第 8 卷第 4 期。

③　齐思和：《现代中国史学评论——掌故派与社会学派》，《大中》1946 年第 1 卷第 1 期。

④　齐思和：《近百年来中国史学的发展》，《燕京社会科学》1949 年第 2 期。

⑤　王淼：《有批评才有创造》，《中国改革报》2007 年 5 月 17 日。

展的动因之一，许多理论问题是在史学批评中提出来的，又是在史学批评中得到深入阐说和系统发挥以至于形成体系。"① 通过对以往研究成果的"商榷"，总结其利弊得失，作为以后史学研究工作的"镜考"，从而推动史学研究的进步。这是齐思和开展史学批评的出发点和落脚点，是齐思和史学批评的旨趣所在。

（二）广阔的史学批评视野

齐思和是中国近现代史学史上颇具影响力的史学家，也是在中国近现代史学史上重视史学批评的史学家。在他的史学生涯中，对于学术批评，尤其是对于史学批评，十分关注。这主要表现在三个方面，一是重视对当代人的史学著作的评论，二是重视对中国史学发展中出现的宏观问题的分析与评论，三是齐思和的史学批评主要关注点集中在先秦史研究和史学理论研究领域。

首先，重视对当世学人的史学著作的评论。

齐思和关注近现代史学，首先表现在他重视对当世学者最新出版史学著作的评论，这一点又反映在两个方面：第一，齐思和在担任有关史学杂志主编期间，注重史学书评的刊登。第二，齐思和本人在 20 世纪三四十年代也发表了不少这方面的评论文章，这些文章构成了齐思和史学批评的核心内容。

其一，齐思和在主编《史学年报》《燕京学报》期间，就比较重视史学书评类文章的刊登，特别是对最新出版史学著作的评论文章的刊登。早在燕京大学学生时代，齐思和担任燕京大学历史学会《史学年报》的主编时，便十分重视书评的刊载。齐思和担任《燕京学报》主编时延续了这一特点，《燕京学报》作为民国时期影响较大的学术期刊之一，在齐思和担任主编之前，曾设立"学术消息"和"新书评介"栏目，但"新书评介"栏目设立时间不长就中断。1946 年，《燕京学报》复刊，齐思和出任主编，他增设了"书评"栏目，此栏目直至终刊一直没有中断。② 根据研究者统计，"在齐思和担任《燕京学报》主编的 5 年时间内，学术评论文章得到前所未有的重视，有学者统计，《燕京学报》第 30 期至第 40 期

---

① 瞿林东：《关于影响 21 世纪中国史学发展的几个问题》，《史学月刊》2001 年第 6 期。

② 张越：《"书评"中的学术批评——〈燕京学报〉"书评"栏目的特色》，《廊坊师范学院学报》（社会科学版）2008 年第 6 期。

的‘书评’栏目，总共发表评论类文章 89 篇，单期发表的书评最少的为 4 篇，最多的达 17 篇，每期平均有八、九篇左右”①。在所评论的图书中，有不少是在学术界有一定影响的史学著作。② 这些书评反映了当时学术界一些最新的学术成果，对这些成果的评论，使之为学界更多人所了解，扩大了这些成果的学术影响。作为专业学术刊物，能在长达 5 年的时间中，坚持每期发表书评，在当时是不多见的，《燕京学报》“书评”栏目的设置和大量书评的发表，与主编齐思和的着力经营密不可分，这反映了他对中国当世史学的关注，对史学批评的重视。

其二，齐思和的史学批评，还突出表现在他本人撰写了不少的书评和史学评论专文。据笔者统计，齐思和在 20 世纪三四十年代发表了 20 余篇书评，共介绍、评介了近 30 种史学著作。

1931 年，齐思和发表《最近二年来之中国史学界》一文，对当时史学界取得的成就作了总结，对新出版的一些史学著作作了评论。该文以“最近二年中出版之史学书籍”为二级标题，介绍并评介了顾颉刚编著的《古史辨第二册》、徐炳昶的《徐旭生西游日记》、故宫博物院编辑出版的《筹办夷务始末》、李济编的《安阳发掘报告第一期》和《安阳发掘报告第二期》、张星烺编著的《中西交通史料汇编》、国立中央研究院历史语言研究所编的《明清史料》，以及瞿兑之撰的《方志考稿甲集》。除此之外，齐思和还先后撰写了《评司马帛洛〈中国上古史〉》《吕思勉著〈史通评〉》《评斯汀生著〈远东之危机〉》《评维森著〈历史辅助科学论略〉》《甘云鹏著〈经学源流考〉》《郭沫若著〈十批判书〉》《童书业著〈春秋史〉》《金毓黻著〈中国史学史〉》《张尔田著〈遁堪文集〉》《朱师辙著〈商君书解诂定本〉》《李世繁著〈颜李学派〉》《杨丙晨译〈汤若望传〉》等书评。从这些被评的史学著作可以看出，齐思和评论的对象十分广泛，包含史学理论与史学史著作、断代史著作、学术史著作、

① 张越：《“书评”中的学术批评——〈燕京学报〉“书评”栏目的特色》，《廊坊师范学院学报》（社会科学版）2008 年第 6 期。

② 如第 30 期刊登王钟翰评陈寅恪著《隋唐制度渊源论略稿》、王育伊评陈寅恪著《唐代政治史述论稿》、聂崇岐评陈安仁著《中国近世文化史》；第 31 期刊登容媛评罗振玉著《贞松老人遗稿》、李玄伯著《中国古代社会研究初稿》、翦伯赞著《中国史纲（第一卷）》；第 32 期刊载徐宗元评陈恭禄著《中国史（第一册）》、容媛评翦伯赞著《青铜时代》、安志敏评劳幹著《居延汉简考释》等。

考古发掘报告、资料汇编等，其中有中国人的史学著作，也有外国人的史学著作；既有新历史考证学派的著作，也有马克思主义史学家的著作。

此外，齐思和还撰写了不少史学评论专文，如 1930 年发表的《论史学之价值》一文，批评了中国古代史家的史学功用论，认为史学的功用在于"不仅能够帮助我们了解现在，并且还可以推测将来的趋势"①，这表明青年时期的齐思和就重视对史学理论问题的关注，注重通过史学批评，得出对相关问题的认识。1946 年撰写的《现代中国史学评论》一文，着重指出中国当时史学界存在的问题，尤其对当时主要史学流派"掌故派"和"社会史派"存在的问题作了批评。②《中国史学界的展望》简要回顾了中国史学的发展历程，对中国史学如何进步作了深入的思考，认为中国史学界要特别注意三个问题："专题研究与社会史合一"，"中国史与西洋史合一"，"断代史的研究要均衡发展"。"专题研究与社会史合一"是指史家选取专题研究的对象时，要考虑与结合中国社会问题。"国史的改造应当由专题研究开始，不过所说的专题，不是琐碎片段，乃是大问题的枝节，必须与整个社会问题有关。""中国史与西洋史合一"，要求史家在研究有关问题时，要注重贯通中西，中外比较，要做到"以中国人的眼光来研究西洋史，以西洋史的方法来整理中国史"。"断代史的研究要均衡发展"，是针对当时国内史学界"偏重头尾与中段——上古，近世与元史"的不合理研究现状而言的，认为学界的研究过于集中于上古史、元史、清史，而对于"秦汉、隋唐、明代却很少有人来研究"，"对于唐代的研究，我们还不及日本，至少在量的方面是如此"③。在这些批评的话语中，倾注着齐思和追求中国史学进步的希冀，展现了作者宏观的批评视野。

其次，重视对中国史学发展中出现的宏观问题发表评论。

前文所论的齐思和的史学批评，大多针对具体的史书、史家，以书评为表现形式，主要是对史学发展的某些微观领域的具体分析与评论。除此之外，齐思和还撰写了一些史学评论专文，对某一历史阶段中国史学的发展情况作出评论，探讨中国史学发展大势，这些多属对中国史学发展的宏观认识。

---

① 齐思和：《论史学之价值》，《燕大月刊》1930 年第 7 卷第 1—2 期。
② 齐思和：《现代中国史学评论——掌故派与社会学派》，《大中》1946 年第 1 卷第 1 期。
③ 齐思和：《中国史学界的展望》，《大中》1946 年第 1 卷第 5 期。

　　1946 年，齐思和撰写《现代中国史学评论》，在文中，他对中国史学界的两大流派"掌故派"与"社会史派"进行了剖析、评论，指出这两个史学流派各自的优缺点所在，进而指出两派的发展前景。"掌故派"的优点是"考证则细入毫芒，征引则繁富博赡"，缺点也十分明显，"一看他们的题目，多是冷僻偏窄，无关宏旨。……其问题较钱（大昕）王（鸣盛）更窄小，更琐碎，真是钻入牛角了"，"他们但知聚集些材料，而缺乏思想，缺乏'史观'"；"社会史派"的长处在于"他们对于现代社会科学的知识较掌故派为丰富，因此他们所选择的问题也较掌故派为重要。所以他们的著作，有的能风行一时，与读者以深的刺激"，但"这派人的著作，除了少数的例外，大多数所根据的史料并不充分，所以其结果也并不如掌故派的坚实"，且"往往先有一套史观，而后找材料。……往往急于求结论，他们的作品不免失于粗滥"①。以上是齐思和对"掌故派"和"社会史派"优缺点的分析、评论，齐思和所论的"掌故派"似乎指新历史考证学派，"社会史派"似指参与"社会史论战"的史学流派。这些流派是 20 世纪三四十年代中国史坛的主体力量，齐思和以此作为评论对象，无疑把握了当时史学发展的脉搏。

　　当然，将中国史学界笼统地划分为"掌故派"和"社会史派"两大流派，也有值得商榷之处。但是齐思和着眼点不在于此，而是试图通过史学批评寻求对问题的解决，通过史学批评探求史学发展的科学之路。他认为，作为当时中国史学界的主流史学流派"掌故派"与"社会史派"应当摒弃门户偏见，通力合作，"二派是现今中国史学界中的二种最重要的派别，这两种派别互相嘲笑攻击，彼此都各是其所是，各非其所非"，此种现象"是中国史学界当前最重要的问题"②。那么应当如何协调二派之间的分歧，消除各派在学理上、方法上的缺陷，促使中国史学健康发展呢？齐思和认为："我以为掌故派和社会学派应当放弃彼此互相轻视的态度，而应采取对方的长处，切实合作，掌故派要放弃他们冷僻的问题而采取社会学家的问题。……若是他们放弃了他们'闭门造车'的态度，参考现近史学的潮流，研究些社会经济典章制度的重要问题，那他们对于史学的贡献要大得多。""社会史派"则需要"少谈些理论，多搜集些事实。

———————

①　齐思和：《现代中国史学评论——掌故派与社会学派》，《大中》1946 年第 1 卷第 1 期。

②　同上。

事实既得，结论自明"。总之，"今后的史学家，要以理论来作为选择问题的启示，要以材料中获取得理论。'理论与事实合一'，这是我对于现近中国史学界的第一个要求"①。在批评中发现问题，从批评中尝试提出问题的解决之道，并且着眼于中国史学发展大势，着眼于中国史学发展存在问题的解决，这是齐思和史学批评的初衷。

在 20 世纪三四十年代，中国史学界存在着不同的流派与思潮，当时不少学者也多有论述，如钱穆认为中国史学界存在三大流派："传统派""革新派""考订派"。② 冯友兰认为"中国现在史学，有信古、疑古、释古三种趋势"③。周予同将中国史学分为"史料派"和"史观派"。④ 然而大多数学者讨论这些流派划分问题时，更多的是关注出现这学流派的原因，或者说是中国近代史学发展的内在逻辑与动因，而少有关注这些史学流派存在的问题，以及解决之道。齐思和通过史学批评的形式，探讨了"掌故派"和"社会史派"在学术风格与研究方法上各自存在着的缺陷，并对症下药，并提出解决问题的答案，这一点是值得肯定的。可见，史学批评不仅仅是发现问题，寻求对问题的解决也是十分必要的。从宏观上探求中国史学发展规律，通过史学批评的形式指出中国史学发展存在的问题，在史学批评中探寻解决这些问题的方法与途径，这些无疑是齐思和史学批评的时代价值所在。

1949 年齐思和发表《近百年来中国史学的发展》一文，是中国近代学术史上一篇重要的文章，显示出齐思和深厚的功力与开阔的视域。全文从纵向梳理了清代至民国期间中国史学的发展大势，重点评论不同阶段史学发展之得失，对不同时期出现的史学思潮与史学流派都有评论。如在评论经今古文之争时，认为"今文家的主张虽然多半偏激武断……但对于现代史学界的发展颇有重大的影响，'五四'以后的'古史辨'运动，实在是直接受了今文运动的刺激"。又如，在评论"新史学"思潮时，认为"第一位积极介绍西洋史学，并呼吁改造中国史学的是梁启超先生"，指出梁氏的《中国历史研究法》，是"在当时第一部有系统的介绍近代史学

---

① 齐思和：《现代中国史学评论——掌故派与社会学派》，《大中》1946 年第 1 卷第 1 期。

② 钱穆：《国史大纲》，商务印书馆 1940 年版，第 3—6 页。

③ 冯友兰：《中国经济史·序》，马乘风《中国经济史》，中国经济研究会刊行，1937 年。

④ 周予同：《五十年来中国之新史学》，《学林》第 4 辑，1941 年 2 月。

的书……对当时的学术界发生了很大的影响"。同时批评道："可惜梁氏不谙西文，对于西洋史学的认识，不过是依据几本中日翻成的教科书……他对新史学的介绍，颇为肤浅空泛。"评论"古史辨"运动时，指出"古史辨运动在中国近世史学史上的地位与19世纪初年西洋史家尼泊（Niebuhr）等人，同垂不朽，都指出了史学研究的第一步的基本工作，史料的审查"。进而指出"假如古史辨运动可以象征五四的史学，那么中国社会史论战便可以象征北伐后的新史学"①。

《近百年来中国史学的发展》世纪评论的内容远远超过了"近百年"的范围，实际上评论了从清初到1949年近三百年来中国史学的发展概况。这些评论文章发表的时间从20世纪30年代初一直到40年代末，跨度近20年，说明齐思和对中国史学有一个持续关注的过程。从这些史学评论专文似可看出，齐思和的史学批评不仅针对具体的史书、史家，而且注重对中国史学发展过程中的宏观问题作出评论。

选取各种流派、不同类型的著作作为评论对象，一方面说明作者拥有开阔的学术视野，广泛的治学旨趣，另一方面反映了作者试图全面概括当时史学界的发展状况，积极探寻中国史学发展中存在的问题，考察中国史学未来发展趋向。

最后，齐思和史学批评的主要关注点，集中在先秦史研究和史学理论研究等领域。先秦史与史学理论是齐思和重点关注的学科领域，是其治学旨趣之所在，也是其史学批评关注点之一。

关于先秦史的史学批评。在20世纪三四十年代，齐思和撰写了一些先秦史方面的论著，比如《西周地理考》《牛耕之起源》《周代锡命礼考》《商鞅变法考》《〈毛诗〉谷名考》《孟子井田说辨》等。作为其治学旨趣之所在，齐思和在史学批评中，对先秦史领域多了一份关注。在已发表的书评中，有三分之一与此有关，如评论顾颉刚编著的《古史辨第二册》《评司马帛洛〈中国上古史〉》《郭沫若著〈十批判书〉》《童书业著〈春秋史〉》《朱师辙著〈商君书解诂定本〉》、李济编《安阳发掘报告第一期》和《安阳发掘报告第二期》，这些书评涉及先秦考古、古史重建、先秦史著述等问题，通过对这些先秦史建设成果的评论臧否，为先秦史建设提供经验与参考，达到"来事之师""以资镜考"的目的。

―――――――

① 齐思和：《近百年来中国史学的发展》，《燕京社会科学》1949年第2期。

上述书评文章中，颇值一提的是《童书业著〈春秋史〉》。文中齐思和对童著的撰述背景、内容、特点作了概述，他认为"童君此书，穿穴古籍，参酌新说，考索诠释，不逾矩范，在时下古史书中，实为不可多得之作"。在对其多加褒奖的同时，齐思和指出该书存在的问题，"第一章为西周史略，略论西周之史迹，以为了解春秋之背景，用意甚善。末附小注，亦尚详赡。第二、三章，论西周至春秋之政治经济社会制度与学术思想。置文化制度史于政治史之前，究不若依史家成法，置之政治史之后为便于读者之了解，且自第二章起，即无附注，据作者自叙，行将仿崔述《考信录》，别为一编云，此种体例，亦颇可商"。①

这里齐思和指出童著在编纂体例方面存在的问题，第一，齐思和从"史家成法"和读者接受的角度，认为童著将文化制度史置于政治史前的做法，似不便于读者阅读，也不符合常规。第二，童著因仿作崔述《考信录》而没有附注，齐思和认为这种做法是不妥的，并从注释的作用，以及注释与正文的关系等两个方面阐发了注释的重要性。他说："盖附注之用，不徒在考证而已，史料之来源，立说之根据，以及解释辩驳，皆须于注中群申，注与正文，安可分而为二乎？""盖注与正文，合之则双美，离之则两伤，决不分而为二，两书单行也。"② 可见，齐思和重视对史学体例的恪守。

在《评马司帛洛〈中国上古史〉》一文中，齐思和对法国学者马司帛洛（Henri Maspero）的《中国上古史》作了评介，并且对当时的西方学术界的汉学研究状况，特别是有关中国先秦史研究状况作了较为详细的介绍，这对了解当时西方汉学界的中国先秦史的研究状况，大有裨益。他认为该书"实集五十年来西方上古史研究大成，出版以后，风行一时，学者咸奉为西文方面关于中国上古史之最高权威，固其宜也"。对其优点予以肯定的同时，他指出该著作个别地方存在的缺陷，归纳起来有"应列入而未列入；不应列入而反列；考证不精；事实谬误"。齐思和对马氏的《中国上古史》的优点与缺憾作了分析，进而得出对该书的评价性结论："夫疏略谬误，著书者之所不能免，马氏以一个外人而治汉学，益有其特

---

① 齐思和：《童书业著〈春秋史〉》，《燕京学报》1947 年第 32 期。

② 同上。

殊之困难。是书要为精心之作，非抄撮陈言者可比。"① 对外国学者的史学著作的评论，有助于开阔中国史学界的学术视野，推动中西史学交流与相互认知。从另一方面，也说明了齐思和对西方汉学界的先秦史研究的关注。

　　关于史学理论的史学批评。齐思和重视史学理论的探讨，在齐思和的书评中有近四分之一与此相关。如《评十九年出版各家史学新著》《吕思勉著〈史通评〉》《评维森著〈历史辅助科学论略〉》《金毓黻著〈中国史学史〉》。齐思和对史学理论及史学史著作的关注，也反映了其治学旨趣所在，即对史学自身的发展，尤其是史学理论问题的关注。齐思和也撰写过一些这方面的文章，如《论史学的价值》《研究历史问题之方法》《现代中国史学评论》《中国史学界的展望》《近百年来中国史学的发展》等，都体现了这一点。

　　1930 年（民国十九年）齐思和撰写《评十九年出版各家史学新著》一文，在此文中，作者对当年出版的三部史学概论类著作作了深入的剖析和评论，他认为吴贯因的《史之梯》，在内容上虽存在着许多失误，但是"十之七八尚出诸其平日研究之心得"。而卢绍稷的《史学概要》"盖不过就近人关于史学之论文割裂而成，而取自梁任公、何炳松先生者尤多，几占全书十分之五六"，"纵观是书，不过撮集近人之史学译著而成，既不能博考详稽，又不能自有心得"②。可见，齐思和对卢绍稷的《史学概要》的评价是不高的。他认为刘剑横的《历史学 ABC》"用意本甚佳，惜去取太滥，鲜可观者"，"此书抹煞事实，妄加论断，疏浅偏宕"。最后，在比较的基础上，齐思和对三部书作了总的分析与评论，认为"以上三书，《史之梯》之荒谬，《史学概要》之疏漏，《历史学 ABC》之偏宕，皆出人意表，国人对于史学理论之幼稚，从可知矣"③。可见，齐思和批评是客观的，也是严厉的，考虑到上述三部史学概论著作处于初创时期，在当时的客观条件下，出现种种失误也是在所难免的。

　　齐思和对上述三部著作的严厉批评，反映了他认真的治学态度，以及对当时国内史学概论一类著作的重视，对中国史学理论建设的重视。这三

① 齐思和：《评马司帛洛〈中国上古史〉》，《史学年报》1935 年第 2 卷第 2 期。

② 齐思和：《评十九年出版各家史学新著》，《新闻周报》1930 年第 8 卷第 4 期。

③ 同上。

部史学概论著作的缺陷从侧面反映了当时中国的史学理论建设有待发展，那么如何改变当时史学界"幼稚的史学理论"状况呢？齐思和写道："为今之计，欲提倡新史学，苟学识尚未成熟，莫若先从事翻译工作，将西方名著，撮要介绍于国人。"① 带着改变国内"幼稚的史学理论"现状的理想，齐思和在哈佛刻苦攻读四年，1935 年毕业回国后，在北平师范大学任教期间，他编写了一部特色鲜明、融汇中西史学的《史学概论讲义》。② 可见，齐思和的史学批评是着眼于中国史学发展进步，而不是为了批评而批评。这篇文章是齐思和 23 岁时写的，其中难免存在值得商榷之处，但是这种敢于批评、勇于探索的精神是值得称道的。③

"史学批评是史学理论发展的动因之一，许多理论问题是在史学批评中提出来的，又是在史学批评中得到深入阐说和系统发挥以至于形成体系的。"④ 齐思和的史学批评旨趣与其治学旨趣在很大方面是重合的，通过对史学理论与史学史领域最新成果的评论辨析，是其所是，非其所非，无疑会提高其对史学理论的认识，从而为其更好地开展史学研究创造条件。这一点，从齐思和一些重要的史学论著发表的时间先后来看，可以得到佐证，正是由于在 20 世纪三四十年代对中国当世史学发展的关注，对具体的史学著作的评论，以及专门的史学评论文章的撰写，使其能够在 1949 年写成具有会通色彩的《近百年来中国史学的发展》的长文，此前的史学批评活动，无疑为齐思和的中西兼通的史学风格的形成作了必要的积淀。从对某些领域的关注，到对中国史学发展大势的关注；从关注史学批评，到追求会通，是齐思和史学思想的一个升华。

（三）突出的史学批评特点

前文论述了齐思和史学批评的整体面貌，从这些具体的史学批评活动中，似可抽绎出齐思和史学批评的特点。

第一，全面、辩证的史学批评风格。与同一时代的许多史学家一样，齐思和幼承庭训，接受中国传统文化的熏陶，后来留学国外，学习西方的

---

① 齐思和：《评十九年出版各家史学新著》，《新闻周报》1930 年第 8 卷第 4 期。

② 《史学概论讲义》原为齐思和 20 世纪 30 年代在北平师范大学的授课讲义，后经齐文颖整理，于 2007 年由天津古籍出版社出版。

③ 需要说明的是，根据《顾颉刚日记》记载，齐思和曾将此文呈给顾氏修改，经过顾氏修改后，齐思和公开发表。

④ 瞿林东：《关于影响 21 世纪中国史学发展的几个问题》，《史学月刊》2001 年第 6 期。

新思想、新方法。加之齐思和研究中国史的同时，还研究世界史，这些因素成就了齐思和宽广的学术视野。可见，其个人特殊的学术经历、知识背景，对开阔其史学批评的视野，具有直接的影响。

齐思和史学批评突出的特点就是全面性，主要表现在以下几个方面：批评对象的广泛性；所评史书的多样性；批评立论的辩证性。首先，在齐思和作评论的史学家群体中，不仅有一些久已成名的学者，也有学界后起之秀。前者如郭沫若、童书业等，后者如金毓黻、卢绍稷等；既有马克思主义史学家，也有非马克思主义学者；除此之外，齐思和还引入、评介了不少外国学者的著作，如《评马司帛洛〈中国上古史〉》《评维森著〈历史辅助科学论略〉》，这对于开阔学界学术视野，具有莫大贡献。其次，从齐思和评论的史学著作来看，呈现多样化、多类别的特点。其中，史学理论与史学史方面的有《评十九年出版各家史学新著》《吕思勉著〈史通评〉》《评维森著〈历史辅助科学论略〉》《郭沫若著〈十批判书〉》《顾颉刚著〈古史辨第二册〉》《金毓黻著〈中国史学史〉》等。中国史方面的有《甘云鹏著〈经学源流考〉》《童书业著〈春秋史〉》《张星烺著〈中西交通史料汇编〉》等。《国立中央研究院史语所编〈明清史料〉》等。此外，齐思和还撰写了一些专论性的史学评论文章，主要有《先秦历史哲学管窥》《论史学之价值》《最近二年来之中国史学界》《改造国史研究之途径与方法》《现代中国史学评论》《中国史学界的展望》《近百年来中国史学的发展》等，这些文章或对某一专题展开评论，或对某一段时期的史学发展所存在的问题做分析评介。总之，齐思和的史学批评，从内容上看，既有宏观的关注，也有微观的考量，不仅注重对中国史学发展大势的评论，同时也对具体史学著作的优劣高下做出评析。最后，齐思和的史学批评充满辩证的思想。这一点，突出表现在齐思和对"掌故派"与"社会学派"的批评上，他分别指出了两派各自的优点与缺憾，进而指明了两派的出路。"今后的史学家，要以理论来作为选择问题的启示，要以材料中获取得理论，'理论与事实合一'。"[①] 在民国时期，作为一个非马克思主义史学家，能够辩证地分析中国史学流派，探讨中国史学发展存在的问题，此等卓识，实在难得。

第二，客观求实的史学批评态度。中国古代史家向来推崇史学求真的

---

① 齐思和：《现代中国史学评论——掌故派与社会学派》，《大中》1946 年第 1 卷第 1 期。

品质，唐代刘知幾提倡"直书"、反对"曲笔"，清代章学诚主张撰史应"尽其天而不益于人"，这种据事直书的优良史学传统，是中国古代史学的核心价值之一。民国史坛，由于存在众多的史学流派与史学思潮，对同一问题，往往各抒己见，百家争鸣，故而学术批评相对比较活跃。深受传统文化熏染的齐思和，在其史学批评活动中就注重遵循客观求实的原则。

齐思和发表的对相关史学著作的评论，总体上十分客观、平实，多是肯定其长处，指出其不足，或就某一问题再行深入探讨。譬如，齐思和曾评论金毓黻的《中国史学史》，认为金氏之书，把从上古到近世两千多年来的中国史学发展大势，都原原本本作了梗概的论述，是一部非常优秀的大学教科书。在肯定其优点的同时，齐思和指出了金著存在的缺憾，他认为金书"忽略史学，仅言纂修经过，鲜及体例得失，史学之义，似犹未尽也"[1]。同时齐思和指出，作为中国史学史专著，就不能仅仅叙述中国史学发展的历程，更应该重视对中国史学发展过程中的得失的总结，如应该加强论述史书体裁的得失，史书编纂是否优良，编纂态度偏正与否等。

以上，齐思和对金毓黻《中国史学史》作了中肯的评价，不仅指出其优长所在，同时指出金著在概念、范畴方面认识的不足，强调史学史著作不能停留在仅仅叙述史学发展的本身，而是应该深入史学发展的内部态势，加强对"史学之义"的探讨。可见，齐思和认为金著的不足之处在于，对史学自身的体例得失，着墨不够，探讨不深，没有尽"史学之义"。这样的评论，实际上浸透着齐思和本人对"中国史学史"编纂的认识，在他看来，史学史著作不仅要叙述史学发展过程，更应该加强对中国史学自身问题的研究，注重对"史学之义"的探讨。值得注意的是，白寿彝在同一年也发表了对金毓黻《中国史学史》的评介。白寿彝认为金著在资料上比较翔实，但是"可惜的是，作者似乎没有把全书的题目真正弄清楚，究竟什么是'史学'？""把刘、章所主张的义例说出来了，但没有把刘、章对于史的基本看法说出来。"[2] 两位先生的观点遥相呼应，指出了金著存在的缺憾。是不是可以这样认为，在中国史学史撰述问题上，齐思和重视对"史学之义""体例得失"的探讨，重视对历史编纂成法的恪守，而这恰恰是金毓黻《中国史学史》缺憾之所在。

---

[1]　齐思和：《金毓黻著〈中国史学史〉》，《燕京学报》1946 年第 32 期。

[2]　白寿彝：《评金毓黻著〈中国史学史〉》，《文讯月刊》1947 年第 7 卷第 1 期。

在《童书业著〈春秋史〉》一文中，齐思和对童著多有褒奖，"纵观全书，叙事颇为明晰，征引亦极详赡，较前人《左传史略》《左传纪事本末》《春秋大事表》等书，便于检阅，诚春秋史之佳著矣。"[①] 在《评马司帛洛〈中国上古史〉》一文中，齐思和对法国学者马司帛洛的《中国上古史》作了介绍与评介，并且对当时西方学术界的汉学研究状况，特别是有关中国先秦史的研究状况作了较为详细的介绍。齐思和认为该书"实集五十年来西方上古史研究大成，出版以后，风行一时，学者咸奉为西文方面关于中国上古史之最高权威，固其宜也"。对其优点予以肯定的同时，齐思和指出该著作存在的四个缺陷"应列入而未列入；不应列入而反列；考证不精；事实谬误"。客观地指出马氏的《中国上古史》之长处与不足之后，齐思和以知人论世的态度得出对该书的评价结论："夫疏略谬误，著书者之所不能免，马氏以一个外人而治汉学，益有其特殊之困难。是书要为精心之作，非抄撮陈言者可比，虽有微瑕，不掩大瑜。"[②] 可以看出，全面、客观分析评介所评对象，知人论世的史学批评准则，是齐思和史学批评的优良品格。

第三，寓论断于批评的史学批评特色。齐思和史学批评的另外一个特点就是不是为批评而批评，而是借助具体史学批评表达他的某种史学思想或者对某个问题的见解。

譬如，在《吕思勉著〈史通评〉》一文中，齐思和用大量的篇幅论述章学诚、刘知幾在中国史学上的地位，以及二者史学趣向的不同，末了仅用寥寥数语品评吕思勉的《史通评》，其用意似在于借评介吕思勉著《史通评》，阐述其对刘、章之学的看法，进而阐述其通史编纂思想。他首先比较分析了刘知幾与章学诚的史学特点，"吾国史学之著作，自推刘子玄之《史通》与章实斋之《文史通义》二书"，指出刘、章二氏因所处时代不同，故立言宗旨也各相异，"子玄生断代史畅行，官修书极盛之世，故其所言，一断代史之义例为主。实斋生当管修书因循程式，纪传体几至腐溃之际，故力某另辟蹊径，倡言改作"。然后，齐思和在比较刘、章二氏史学特点基础上，对二者作出评介，他说"章氏才气固横绝一时，然好放言高论，为不着边际之言，刘氏议论或不章氏之骏利，然思想缜

---

① 齐思和：《童书业著〈春秋史〉》，《燕京学报》1947 年第 32 期。

② 齐思和：《评马司帛洛〈中国上古史〉》，《史学年报》1935 年第 2 卷第 2 期。

密，言之有物"①。此处，作者似有扬刘抑章之意，深入地分析，实际上反映了齐思和对通史、断代史的认识。

我们知道，刘知幾力主断代为史，章学诚推崇通史修撰。梁启超提出构建"新史学"以后，学界对修撰中国通史甚为关注，故对章学诚的研究众多，而对刘知幾的研究则较为冷落。"近来西学东渐，国史改造之论，甚嚣尘上。章氏之书，以其所论者正目前急待解决之问题，遂引起一般学者研究之兴趣。"并指出时人张尔田、刘咸炘皆有专著论章氏之学，梁启超、何炳松对章氏治学极为推崇，胡适、姚名达先后撰写章学诚年谱。而"刘氏之书，则研治者绝少"②。齐思和曾多次论及对通史修撰的看法，1936年齐思和撰文阐述其国史改造思想，他特别强调"现今西洋历史研究最重要之趋势为专门研究，与众手合作。大规模之通史，殆皆为众手合纂"。"是故有专题之研究然后始有专史，有专史然后始有通史。"③齐思和一再强调专题研究、专门分工的重要性。"现代的史学是建设在专题研究之上的，正如有了砖才好造房"，"专门化是科学工作的基础，只有细密的分工，才能有可靠的收获"④。齐思和借评论吕思勉的《史通评》，对刘知幾、章学诚的史学加以比较，表面上是刘、章比较，品评刘、章史学，真正用意似在于阐发其通史编纂主张，即通过专题的断代史的研究，然后集合众家之长，撰成通史。假借史学批评，表达对相关史学问题的看法，寓论断于批评，这是齐思和史学批评的鲜明特色。

齐思和的史学批评是其史学成就的重要组成部分，透过其史学批评，我们可以认识到，齐思和不仅重视史学批评，而且身体力行，撰写许多的史学批评文章，并且试图通过史学批评促进相关学科的发展，进而推动中国史学的进步。

当然，由于受时代条件、政治环境、个人见识等诸多因素的影响，在今天看来，齐思和的史学批评难免存在不足。比如齐思和的史学批评在形式上略显单一，主要以书评形式出现；在批评对象上，忽略了20世纪三四十年代一些具有重要影响的史学著作，如翦伯赞的《历史哲学教程》、

---

① 齐思和：《吕思勉著〈史通评〉》，《大公报·史地周刊》1936年8月14日。

② 同上。

③ 齐思和：《改造国史之途径与步骤》，《大公报·史地周刊》1936年5月1日。

④ 齐思和：《近百年来中国史学的发展》，《燕京社会科学》1949年第2期。

柳诒徵的《国史要义》，均未纳入其史学批评视野；在批评态度上，受政治或其他因素的影响，对同一个史学家的评价出现前后不一致的情况，如齐思和在 1938 年评论郭沫若《十批判书》时，对郭沫若评价不高，"郭氏本为天才文人，其治文字学与史学，亦颇表现文学家之色彩。故其所论，创获固多，偏宕处亦不少，盖其天才超迈，想象力如天马行空，绝非真理与逻辑之所能控制也。如此书置自我批评于孔子批判之前，且以自我批判起，以自我介绍终，无不表现文人自夸心理也"。他对《十批判书》的结论是："此书专为研究古代思想而作，若以哲学眼光观之，则远不如冯友兰《中国哲学史》创获之丰，思想之密"，"是书于先秦诸子之考证，远不及钱穆《先秦诸子系年》之精，论思想则更不及冯友兰氏之细，二氏书之价值，世已有定评，而郭氏对之皆甚轻蔑，亦足见郭氏个性之强与文人气味之重矣"[1]。而齐思和 1949 年 10 月发表的《近百年来中国史学的发展》一文，对郭沫若及其《十批判书》却是另一番评价，"中国社会史的研究到了郭沫若先生才真正走上了学术的路上"，"在中国当代学者中，梁启超以后，他是最广博的著作家了"，"《十批判书》《青铜时代》都对于中国古代社会研究有许多重要的贡献"[2]。对此我们应当以历史主义的眼光、知人论世的态度去"同情之理解"，史学家都是生活在具体历史中的个体，不可能不受其他因素的影响与制约。

综上所述，齐思和在 20 世纪三四十年代开展的史学批评活动，具有特定的时代价值与学术意义。"史学批评作为史家对史学的一种认识活动，同人类对历史的认识活动一样，并不是一人一时所能完成的。"[3] 史学批评永远不会停息，今天我们审视齐思和的史学评论，也是另一种意义上的史学批评。史学批评见识的高低，反映了一个史家史学素养的高下与责任意识的强弱，而史家通过史学批评，有助于自身的史学认识的提高。齐思和依托《燕京学报》这一学术阵地，及时刊发史学界最新学术消息，其本人又重视对新出版史学著作的介绍、评论，一定程度上起到了促进史学潮流的积极作用。

---

① 齐思和：《郭沫若著〈十批判书〉》，《燕京学报》1946 年第 30 期。

② 齐思和：《近百年来中国史学的发展》，《燕京社会科学》1949 年第 2 卷。

③ 瞿林东：《中国古代史学批评纵横》，中华书局 1994 年版，第 163 页。

二　关于史学理论探索

（一）论史学的性质

齐思和曾对历史学的性质问题提出过自己的看法，他认为："历史这个名词有两个意义，第一个意义是指过去的事实本身。"如中国古代史、辛亥革命史等。"第二个意义是写出来的历史，如《史记》《汉书》《中国通史》之类是也。""历史家的责任是在写出历史和事实的本身相符，犹如照相机摄取景物一样，换句话说，我们应当将过去的事实，忠实地记载出来，丝毫不能参加自己的意见。"他还认为："历史是过去事实的客观的叙述，其中不能夹杂任何目的，史学家作历史应该和化学家做实验报告具同样的精神。"①

关于历史学的性质问题，在民国史坛，众说纷纭，出现了多种不同的主张，概括来说，大致有三种不同的观点，第一种主张认为历史学的性质是科学，此种观点代表了 20 世纪中国史学界的主流观点；第二种观点认为历史学的性质是艺术，持此论者主要有姜蕴刚等人；第三种观点则认为历史学既有科学的属性，也有艺术的成分，持此论者的学者主要有胡适、张荫麟、周谷城、徐复观、刘节等人。

在历史学的学科性质问题上，齐思和没有简单地将其归入科学抑或艺术的范畴，而是在辩证地分析历史学与科学、艺术的区别和联系之基础上，方作出结论。

首先，论历史学与科学的关系，"史家所持之方法，则为科学的"。

齐思和认为历史学与自然科学存在四个区别："（一）自然科学应用直接观察，而历史应用间接观察。""（二）历史不能有实验，自然科学可藉实验。""（三）历史不能建设定律，科学研究最后之步骤，与最重要之目的，为定律之建设。""（四）史家不能预见。"② 在齐思和看来，虽然历史学与自然科学存在着天壤之别，历史学在诸多方面不如自然科学精确，但是历史学工作者的治学态度、治学方法与自然科学具有相同之处，"史家之目的为真实，舍此外更无其他目的，实事求是，不夹杂任何情感，乃现今一般史家所共持之态度。是史家之治学态度，与自然科学者初

---

① 齐思和：《论史学之价值》，《燕大月刊》1930 年第 7 卷第 1—2 期。

② 齐思和：《史学概论讲义》，天津古籍出版社 2007 年版，第 38—41 页。

无二至也"①。"史家于史学方法之运用，亦须经过长久之训练。故在方法上历史与自然科学，亦无大区别也。"在这里，齐思和强调了历史学者在治学态度与治学方法上，与自然科学的相通之处，就此而言，历史学具有科学的某些属性。

其次，论历史学与艺术的关系，"历史又兼有艺术性也"。

齐思和认为无论何种科学，都需要将研究成果公布于众，这就需要借助于语言文字，而语言文字则兼有艺术属性。"史家之当重其发表能力，固与其他科学无别。史家一起所研究之对象之复杂变幻，难于描摹，尤须相当之文章技术，因之史家于文法学、修辞学之训练，益不可忽略。若就此方面而言之，则历史又兼有艺术性也。"② 可见，在这里，齐思和似将史家的文辞表达能力，抑或历史文学作为历史学艺术属性的一个方面。在分析了历史学与自然科学、艺术的关系之后，齐思和对历史学的属性作了最后的定论："历史究为科学，抑为艺术之辩，可以息矣。实则凡各科学，皆有其科学与艺术两方面，自其研究之方法言之，则为科学，自其研究结果之发表言之，则为艺术。概科学之目的，固为求真，而其结果之发表，则须于可能范围内，力求精美。如其叙述之文字，其插入之图画，皆不可不求工整美丽。就此方面之，则艺术也。"③

可见，在历史学的性质问题上，齐思和认为历史学兼具科学与艺术两个方面的性质，就历史学的方法而言，属于科学范畴；而历史学的成果的问世，需要追求适当的艺术效果。在唯物史观出现之前，历史学的科学属性尚未得以充分确立，唯物史观出现之后，历史学的科学性毋庸置疑，那么历史学是否具有艺术性呢？"史学作为一门社会科学，它与艺术有这样那样的联系。"④ 这种联系并非历史学本身的范畴，故艺术性并非历史学自身范畴，只是与历史学存在"这样那样的联系"。齐思和承认历史学的科学属性，同时又认识到了历史学的成果在发表时，需要用审美、艺术之类的加工，这是他的认识的高明之处，但是因此就认为历史学具有艺术的属性，则明显不妥，反映了他在历史学的性质问题上的局限性。

---

① 齐思和：《史学概论讲义》，天津古籍出版社 2007 年版，第 42 页。

② 同上书，第 47 页。

③ 同上书，第 48 页。

④ 瞿林东：《史学与艺术》，《安徽师范大学学报》（人文社会科学版）2001 年第 4 期。

（二）论史料及其分类

第一，论史学与史料的关系："无史料则无历史"。

史料是人类社会历史发展过程中所遗留下来的痕迹。① 史料与史学研究存在密切关系，哲学家可以凭借推理，小说家可以凭借想象，史学家之研究工作，必须根据史料。齐思和十分重视史料与史学的关系，他形象地论述了史料与史学之关系："史家之需要史料，犹如工业家之需要原料，化学家之需要药品，生物家之需要标本。"② 相反而言，如果没有足够的史料，则史家研究历史则犹如处于冥冥长夜中。"苟无史料遗留，则无论曾发生事迹如何重要伟大，吾人亦无由知之，就吾人之知识而言，犹于未发生耳。"③ 齐思和举夏代为例，夏代因为史料不足，致使"吾人对其时代，遂茫然无所知"。可见史料是开展史学研究的基本凭借，离开了史料，则史学研究无从谈起。

第二，史料分类思想。

齐思和将史料分为"遗迹"和"文字记载"两大类，在"遗迹"和"文字记载"两大类之下，又细分为具体的小类。"遗迹"作为先民所遗留下来的实物，属于直接的史料，一般而言，"遗迹"较之于"文字记载"，具有更高的史料价值。具体而言，齐思和将"遗迹"又详加区分为十个小类，它们是："殷周礼器、兵器、度量衡器、符玺、镜属、货币、玉石、雕刻、陶瓷、瓦砖。"④ 这里需要说明的是，齐思和的这种分类法，与梁启超的观点类似⑤，很可能受梁氏影响。除了以上所列十种外，齐思和指出古代的建筑，如桥梁、宫殿、庙宇都具有很好的文物史料价值。

"文字记载"是史料的第二大类，"文字记载"虽然不似"遗迹"，可供人直接观察，亲身体验，但是"文字记载"的许多史料价值是"遗迹"所不能替代的。"古人之思想、言论、行动，今日犹足考见者，皆赖文字之记载。况实迹保存甚难，而书籍可以传抄复印，流传较易。故吾人于古代之知识，大部仍得自文字之记载。"⑥ 文字记载类史料虽然属于间接文

---

① 白寿彝主编：《史学概论》，宁夏人民出版社 1983 年版，第 4 页。

② 齐思和：《史学概论讲义》，天津古籍出版社 2007 年版，第 102—103 页。

③ 同上书，第 103 页。

④ 同上书，第 107 页。

⑤ 梁启超：《中国历史研究法》，东方出版社 1996 年版，第 50—51 页。

⑥ 齐思和：《史学概论讲义》，天津古籍出版社 2007 年版，第 108 页。

献，但因其具有易于保存、流传的特性，使其作为史料具有独特的优点。

文字记载类史料又分为四大类："一曰档案，二曰私人文件，三曰刻文，四曰记述。"档案是政府文件，包括帝王诏令、臣工奏疏、各级政治机关之表册簿录、政府公文等。"在文字记载之史料中，此类最为重要。盖此类文件，皆当事人当时之心迹，自较事后追述或得自传闻之记载为亲切可信。……是故档案之学，在西洋为历史之重要辅助科学。"① 在这里，齐思和把档案作为文字记载类史料的一种，并且明确指出档案的史料价值，认为档案是文字记载中最重要的史料，这种认识在 20 世纪 30 年代的中国史坛是难能可贵的。我们知道，梁启超在 20 世纪 20 年代撰《中国历史研究法》，对史料理论有较多的分析，但是没有明确提出档案的史料价值，同时期李大钊的《中国历史研究法》也未曾对档案的史料价值有所涉及。20 世纪 30 年代所出现的《史学概论》，鲜有涉及档案的史料价值的论述。

"私人文件"为私人之文字，主要包括私人之信札、文章、日记、稿件等。私人文件有其特殊价值，"私人文件虽不若档案之谨严正式，然职是之故，更可表现其个人之性格与主张，故较档案尤可资吾人于当事人性格动机之分析。故私人文字之重要，绝不在官所档册之下"②。

"刻文"包括殷墟书契、周代金文，以及秦汉以来的石刻碑志。刻文大多系"先民为寿世行远计，遂渤之于较坚之物质上。然此类文字，除殷墟卜辞为卜者之存根外，大抵皆为表彰功德而作，故亦有其特殊之性质"。正是由于刻文中不少都有表彰功德的作用，故在作为史料使用时，需要详加甄别。"昔伯喈撰碑，自谓语多增饰，退之卖文，时人识为谀墓，碑志之不能取信于人久矣。然史料之可信度究竟如何，此系史料批评之事。刻文既系当事人或其亲友之所撰作（至少曾经彼等之承认），则至少可代表其亲友对其人之观念，至其中所记之年月官爵，尤较他类史料为可信据。"③ 齐思和认为以上三种史料，除了部分碑刻文为特定的目的歌功颂德以外，大部分都是应一时之需，并无意为来世立言，粉饰之词较少，具有较高的史料价值。

---

① 齐思和：《史学概论讲义》，天津古籍出版社 2007 年版，第 109 页。

② 同上书，第 110 页。

③ 同上书，第 110—111 页。

"记述"类史料是指根据以上三种史料整理、编辑而成,"非根据作者个人之经验,而系就他人之观察间接得之者也。"① 记述的史料大多经过史家的加工,因此均属间接史料,也是后人获取历史知识的主要途径。

以上,齐思和总结了史料的主要种类,以及各种史料在历史研究中的价值,齐思和的论述有两点颇值得肯定:首先,齐思和把史料分为直接史料和间接史料,认为直接史料价值更高,间接史料中,距离历史事实时间最为接近的,史料价值更高,这是十分正确的。"就吾国历史言之,明末以前之档册,久矣荡然无存,私人文件、金石刻文,亦残缺不完,故吾人对此前时期之史事,大部皆间接史料是赖。此则限于资料,无可如何者也。然间接史料之价值不一,大约与其史事为同时代之著作者为最贵。"② 其次,齐思和认为史料的出现时代,尤其是间接史料的编纂时代,距离所记载的历史事实时间越接近,其史料价值越高。"其次者,则其著作时代距其所记述之时代愈近者,价值愈大。"③

第三,论正史的史料价值。

我们知道正史是中华文明的重要载体,是"历代极为重要之史料"④,那么正史的史料价值如何?齐思和认为:"其一,二十五史皆非当事人之记述,而后人根据当时档案文件记录编纂而成之记载,在史料史自属记述一类,其中所记,自系间接知识。……正史类皆就当时国史增益删润而成,而非直接就档案文件研究之结果,其中所含知识自属间接而又间接。"⑤ 可见,齐思和首先确定正史在史料的属性,即间接史料,而非直接史料。"其二,各正史之价值,亦非可一概而论。盖史料又可分为两大类,一曰原料,二曰辅料。原料者,为吾人对史事知识之来源也。又吾人对于此事所知者由此获得,舍此不能再追溯而上。辅料者,由原源推演而请者也。如《春秋》《左传》《国语》三书所成为今日研究春秋时代之原料者,以诸书所据之典籍(如晋之《乘》,楚之《梼杌》之类),就已亡佚。设此等典籍仍在,则彼为原料,而《春秋》等书为次料矣。"⑥

① 齐思和:《史学概论讲义》,天津古籍出版社 2007 年版,第 111 页。
② 同上。
③ 同上书,第 112 页。
④ 同上书,第 113 页。
⑤ 同上书,第 112 页。
⑥ 同上书,第 113 页。

在这里，齐思和延续了之前的史料分类思想，之前他把史料分为直接史料和间接史料，而在论及正史之史料价值的时候，他对史料分类又做了进一步说明，即把史料分为原料和辅料或次料，这种史料分类思想是一以贯之的。他用原料和辅料的思想，来说明二十五史中有些史书属于原料，有些史书属于辅料，从而作为区分正史中不同史书史料价值的高低的标准之一。"其三，史料就其编著之时代言之，以同时代之史料为最贵，其次者亦须史料著作之时代，相去不远。"① 史料出现的时间与史料所记载的历史事实的时间越近，此种史料的价值就越高，这与之前的论述大致相同。值得注意的是，齐思和认为中国的正史中，大多属于信史，史官大多都能秉笔直书，"幸吾国史料旧日修史体例，大部以疏抄删润为主，于原料文字，甚少改易"②。加上直接史料保存下来较少，正史作为间接史料，是我们了解、研究中国古代历史的重要凭借。"故正史虽非同时代之史料，而其价值几与同时代之史料等，此治国史者所当知者也。"③

（三）论历史编纂

中国史学优良传统之一，就是重视通史编纂。编纂通史就要不断地重写历史，"史事本身虽一，而写的历史则以作者的观点之不同，及其所根据之材料之不一而经常改造也"④。古代史家也常常随着时代变迁，不断地改造旧史。上古史事散见于《诗经》《尚书》《春秋》《左传》《国语》《战国策》等著书，至司马迁复"协跃六经异传，整齐百家警言"，勒为《史记》，这是司马迁对于旧史的改造。班固断代为史，这是班固对西汉历史的重写。各代具有正史，司马光病纪传之分，合之以编年，后来袁枢复病编年之合，而析之为本末，至朱熹又复春秋经传之体裁，规为纲目，这是宋代史家对旧史的改造。"显然，前人于旧史之改革，大抵犹不过形式上之改易，与夫枝叶之考订，至其历史之观念，与夫考史之方法，犹大致相同也。"⑤ 近代西方学术传入中国以后，在此新的形势下，保守残缺，固守传统历史编纂模式，显然已经落伍。故齐思和认为："今后国史之改

---

① 齐思和：《史学概论讲义》，天津古籍出版社 2007 年版，第 114 页。

② 同上。

③ 同上书，第 115 页。

④ 齐思和：《改造国史之途径与步骤》，《大公报·史地周刊》1936 年 5 月 1 日。

⑤ 齐思和：《史学概论讲义》，天津古籍出版社 2007 年版，第 210 页。

造，亦不能仅限于枝节之改革，须全部舍旧谋新，另起炉灶。"① 那么，如何舍旧谋新，另起炉灶，改造国史，创立新的通史编纂模式？齐思和从通史编纂的指导思想和通史编纂的具体步骤两个方面，尝试回答了这个问题。

第一，旧史改造与通史编纂的设想。

其一，要坚持求真的治史理念，反对为了达到劝诫的目的而牺牲历史真实的做法。"今日史家则注重以客观态度，探寻真理，实事求是，摒弃主见。事实可以矫正理想，而理想不能牺牲事实，学说须根据事实，而事实不能迁就学说。持此态度以审查前修之典籍，则感觉大部皆有彻底改革之必要。"② 齐思和认为古人治史，目的在于劝诫资鉴，在此预设之目的下产生的史籍，难免受史家主观制约，难称得上是完整之信史，故要求今后的通史编纂，必须把求真放在第一位，把历史的真实放在首位。

其二，须借鉴西方的史学方法，吸收与史学相关学科的最新成果。"百年来西人于名学理论，史学方法，愈推愈精，愈研愈密，持此器以治史，则旧史家之结论，皆有重加估计之必要。"从西方输入的史学方法与逻辑原理，应吸纳通史编纂的过程。此外"考古学，人类学，神话学，社会学"等学科，在国外都已经得到充分的重视，如果拿来为我所用，作为治史之具，"则沉薶幽隐之义，多可得而辨，吾人于国史遂可得一新认识"③。

其三，历史研究、通史编纂的范围应当扩大。"今日史家所研究之范围，远较前人为广阔。"古代史家偏重于军事政治，而且集中在精英阶层，对普通人缺乏观照。清代学者章学诚已经认识到古代史学在范围上的弊端，故提出了"以为盈天地间，凡涉著作之林，悉是史学"。新史学思潮滥觞，史学研究的领域与视角不断扩大，作为留学美国的齐思和，深受新史学思想影响。他认为"现代科学之最大特点，即在其注重极平常之事实，研究极普通之现象；现代史学之趋势，亦为注重平常人日常生活之演变"④。为此，他力主史学研究应当注重研究平常人、普通人，而非仅仅

---

①　齐思和：《改造国史之途径与步骤》，《大公报·史地周刊》1936 年 5 月 1 日。

②　同上。

③　同上。

④　章学诚著，仓修良注：《文史通义新编新著》，浙江古籍出版社 2005 年版，第 721 页。

着眼于精英阶层。他认为："其所谓史，乃包括全部人类社会演变之过程。举凡人类所曾感受者，实行者，思想者，无往而不是在史家言及范围之中。"在齐思和看来，历史是所有人共同创造的，尽管在历史长河中出现了一些引领历史潮流的英雄俊杰，但是他们也是普通人的一部分，也是史学研究的对象之一部分，并不是全部。他进一步认为，普通人是历史的主人，普通人应该成为历史研究的主要对象，"历史上之主人翁，应为平常之人，历史之主要对象，应为日常生活之演变"①。在这里，齐思和着重论述了扩大历史研究、通史编纂的范围的必要性，并从历史研究的对象入手，论证了研究普通大众的必要性。

其四，通史编纂应当重视新史料的运用。新史料的出现，往往推动历史研究的进步。新史料，是指考古发掘带来的前人未曾见到的史料。此外，以前就有的史料，可能未引起前人的重视，也具备新史料的作用。新史料的出现，使以前的史学著作可能有修正或重写的必要。"新史料随时发现，因之前人之所未及见者，后人见之，前人之所不知者，后人知之，昔人之著作遂有随时修正或甚全部重写之必要。"如20世纪上半叶，殷墟卜辞、居延汉简的出现，史学界对我国上古史的认识，发生了很大变化。

只有充分吸收西方史学的新理论、新方法，从形式到内容，对旧史予以改造，在此基础上，方能创造新史，方能撰写符合时代要求的新式通史。"总之，西洋新史学之输入，不惟吾人治国史之利器，且为国史之研究，开阔无限新途径。"②

1902年，梁启超发表《新史学》，严厉批判了中国传统史学的"四弊"与"二病"。

第二，由专题研究到专史研究，由专史研究到通史编纂的通史编纂思路。

旧史改造与创建新史，编纂通史，是"破"与"立"的两个方面，在改造旧史的基础上，就是在"破"的基础上"立"。那么如何创立新史，用新的方法编纂通史呢？齐思和认为应当由专史而及通史，从专题研究开始，次及专史，再及通史。"有专题之研究，然后始有专史，有专史然后始有通史。此不可紊之次第也，不仅一国之通史为然也，即一方面之

---

① 齐思和：《改造国史之途径与步骤》，《大公报·史地周刊》1936年5月1日。

② 齐思和：《史学概论讲义》，天津古籍出版社2007年版，第213页。

史，如文学史，外交史，社会史，其包括之时代较长者，亦由多数专家合作，此历史研究趋于专门应有之现象也。制器纂修之体例，则极似中国旧日官修之史书，大抵由一人或数人规划义例，划分节目，延揽专家，分任撰述。不过此事率由私人发起，专家撰著，与昔日史官之'争学苟且，务相推避，坐变炎凉，徒延岁月'者有间耳。"① 值得一提的是，20 世纪末，著名历史学家白寿彝先生，即采用集众模式，组织了一大批专家学者，完成了一部 "20 世纪中国几代史学家编撰中国通史的总结性和创造性相结合的巨著"②。

　　"学者应先着手基本工作，从事专门研究，细目既明，始可综为专史，专史既出，始可谈到通史，此种工作恐非五十年内所从事者。故今日所亟应从事者为专题研究，而亟有待努力着，亦无过于专题之研究。"③ 专题研究，是通史编纂首先应当重视的问题。专题研究与通史编纂就如同砖与房子的关系，"譬之为屋，必先制砖，通史，屋也，专题之研究，砖也"④。"专题研究"，就是选择相对窄狭的题目，做穷竟源流的研究，随着专题研究的日渐曾多，"于是有专家出焉，根据个人之探讨与同好之研究，为一综合的整理，范围较广之叙述，而专史成矣。其后有好事者，纠合专家，合编通史"⑤。从事专题研究，首先应该重视问题的选择，历史研究始于题目的发现，并非所有的题目都能作为研究对象的。齐思和强调认为，第一，所选之问题，须于专题研究或论文所能范围内论列者。既不宜过于宽泛，亦不过于复杂。欲作穷源竟流之探讨，则问题之范围必须窄狭，且成段落之题目，然后作者对此题目做穷源竟流的研究。专题研究不仅仅根据原料，须用尽所有原料和辅料。如问题过于宽泛，则此种理想既不易做到，至少非短时间之内能做到。第二，所选之问题须有意义，在历史上须具有特殊之价值。这样，研究的结果，始可有贡献于学术界，而不致枉费精力。第三，题目须新颖，未经前人注意，或充分研究者，作者或利用新发现之材料，或用新的眼光。第四，此问题须有解决之可能，且为

---

① 齐思和：《史学概论讲义》，天津古籍出版社 2007 年版，第 214 页。

② 瞿林东：《白寿彝与 20 世纪中国史学》，高等教育出版社 2012 年版，第 178 页。

③ 齐思和：《研究历史问题之方法》，《食货》1936 年第 4 卷第 3 期。

④ 齐思和：《史学概论讲义》，天津古籍出版社 2007 年版，第 216 页。

⑤ 齐思和：《改造国史之途径与步骤》，《大公报·史地周刊》1936 年 5 月 1 日。

作者之所能解决。①

　　齐思和还从世界史学发展趋势，尤其是从西方国家的通史编纂实践中寻求经验，进而论证由专题到专史，由专史到通史，这种集众家之长，专题分工，撰成通史的通史编撰模式的历史合理性。"西洋史界之前例，极足资吾人之参考。现今西洋历史研究最重要之趋势为专门之研究，与众手之合作。大规模之通史，殆皆为众手合纂，如英国政治史，全书分十二册，每册皆由专家担任。美国民族史，全书共分二十七册，每次亦皆又专家担任。而最近耶鲁大学出版之美国史，则更将美国史分为五十段落，每册由专家撰述，此尚一专家担任一册也。"②

　　齐思和的《史学概论讲义》编于 1936 年，《改造国史的途径与方法》一文于 1936 年发表。齐思和对通史的构建与对旧史的批判，都颇受梁启超的影响。梁启超在 1902 年发表的《新史学》一文中，痛斥中国古代史学的"四弊"和"二病"，即"知有朝廷而不知有理想，知有个人而不知有群体，知有陈迹而不知有今务，知有事实而不知有理想""能铺叙而不能别裁，能因袭而不能改作"③。这是对旧史学不足之处的有力批判，也是梁启超的"破"。梁氏对史学的"立"的成就，抑或其对新史创见、对通史编纂的设想，集中体现在《中国史叙论》与《中国历史研究法》，尤其是后者，可以说是梁氏对传统史学批判的矫枉过正。梁启超对旧史学的批判，抑或对新史学的构想，其核心思想还是中国通史的编纂问题。齐思和对旧史的改造的设想，以及对新史的创见，也是着眼于通史的修撰问题。梁启超在其《中国历史研究法补编》中曾提道："旧作（即《中国历史研究法》）所述，极为简单，不过说明一部通史应如何作法而已。"④齐思和多曾表达对通史缺失的遗憾，"来年国史之需要，日益迫切。而标准之通史（学校课本与民众读物，又当别论），迄未出现"⑤。

　　在通史的修撰设想方面，齐思和与梁启超也存在异曲同工之处，齐思和受梁启超的影响十分明显，但在个别地方，齐思和对梁启超的观点又有所发展。梁启超认为通史的编纂，应当从专史编纂入手，在专史研究的基

　　①　齐思和：《研究历史问题之方法》，《食货》1936 年第 4 卷第 3 期。

　　②　齐思和：《改造国史之途径与步骤》，《大公报・史地周刊》1936 年 5 月 1 日。

　　③　梁启超：《新史学》，《饮冰室合集》文集之九，中华书局 1989 年版。

　　④　梁启超：《中国历史研究法（附补编）》，东方出版社 1996 年版，第 153 页。

　　⑤　齐思和：《改造国史之途径与步骤》，《大公报・史地周刊》1936 年 5 月 1 日。

础上编纂通史。他说："专史如果没有做好，通史更做不好。若是各人各做专史的一部分，大家合起来，便成一部顶好的通史了。"① "欲明（通史）各部分之真相，非用分工的方法深入其中不可。此决非一般史家所能办到，而必有待于各学之专门家分担责任，此吾对于专门史前途之希望也。"② 可见，齐思和主张由专题研究次及专史研究，由专史研究再及通史编纂，这与梁启超由专史研究到通史编纂的主张，存在一脉相承的关系，所不同的是，齐思和论述得更为详细、明确和具体，尤其是齐思和在专史研究之前，还要求从专题研究做起。这种有"专"及"通"的通史编纂思想，反映了通史编纂的历史趋势和发展规律，是齐思和综合了西方史学界通史编纂理路，加上吸收梁启超的通史编纂思想，结合当时中国史学界的现状，所提出来的。这种由专题而专史、由专史而通史的通史编纂思想，至今仍能给我们以思想的启迪。

（四）论史家素养

齐思和的对史学理论的探索，还反映在他对史家责任与素养的深刻认识上。古往今来，论述史家的责任和素养的人很多，也不乏卓见。唐代刘知幾提出"史才三长"论，认为史家应当具备史才、史学、史识三种素养。③ 清代章学诚在刘知幾"史才三长"论的基础上，明确提出了史家应当具备"史德"的要求。他说："能具史识者，必知史德。德者何？谓著述者之心术也。"④ 20 世纪 20 年代，梁启超在《中国历史研究法补编》中，设"史家的四长"一章，综合了刘知幾、章学诚的理论，将"史德"置于首位，与"才、学、识"并列，并作了解释，进一步完善了史家素养的理论。20 世纪 30 年代，齐思和对史家的责任和素养予以关注，在《史学概论讲义》第一章"历史之意义与范围"中，专设一节"史家之责任"，从独特的视角，对史家的责任与素养进行阐述。齐思和对史家的责任与素养的认识，包含两个方面内容，第一个方面就史学自身而言，要求史家在历史编纂上，应当具备一定的专业素养或能力，即史家应确立正确的修史目的和相应的编纂技巧等；第二个方面就史学外部而言，史家还需

---

① 梁启超：《中国历史研究法（附补编）》，东方出版社 1996 年版，第 153 页。

② 同上书，第 42 页。

③ 《旧唐书》卷一〇二《刘子玄传》，中华书局 1975 年版，第 3173 页。

④ 章学诚：《文史通义》内篇三《史德》，叶瑛校注，中华书局 1985 年版，第 219 页。

具备合理的知识结构，对史学的姊妹学科要有一定的涉猎，对史学与其他学科的关系有所了解。

　　先谈第一个方面，即史家应当具备哪些专业的史学素养。首先，齐思和认为史家在主观上应当树立求真的修史目的。"盖写的历史之目的在描写史实……在于求真，在于求似。"① 同时，客观历史在持续发展，史学研究的对象也在不断变化，史家的认识应当随之变化。"史家于其研究之对象既扩大至人类社会演化之全部，举凡人类之所实行者，所感受者，所想象者，既包括在史之范围之内，则写的历史之范围，自亦必随而扩大。"② 也就是说，史家的首要素养在于，主观上要恪守求真的修史目的，如实地记录史实，尽可能地据事直书，力求"尽其天而不溢与人"③。同时，史家的认识要跟上历史前进的步伐。其次，合格的史家应该具备一定的编纂技能，面对杂乱无绪的史料，通过严密的考证，发挥合理的想象与逻辑推理，透过现象抓住本质，使之达到或接近历史真实。史料是"无数之片段的，杂乱的，不相联的证据。史家又须将此杂乱无章之证据，审查之，组织之，运用其想象力——合理的，逻辑的想象力——使之成一连续之故事"④。即史家在面对诸多头绪纷乱、杂乱无绪的史料时，应当发挥主观能动性，通过合理的想象与严密的逻辑思维，尽可能地还原历史的真实。最后，齐思和认为史家的认识有历史的局限性，史家只能接近历史真实，而不能详尽历史事实之全部。他说道："写的历史，虽如何周密，如何详尽，将永只能得史实之一部，而不能得其全体。然史家固不必因此而失望。史家仅能得真理之一偏，然史学越发达，则去真理越近，此则无可怀疑者也。"⑤ 那么，要如何尽可能地接近历史的真实呢？齐思和分析道："现今以史学方法之发达，各辅助科学之昌明，与夫新史料之发现，吾人对客观的史的认识，已远非古人之所能及。"⑥ 这些话真切反映了齐思和对历史学的价值与前景的真诚信念。

　　第二个方面，就史学的外部因素而言，齐思和认为史学家应当具备完

---

① 齐思和：《史学概论讲义》，天津古籍出版社 2007 年版，第 13 页。

② 同上。

③ 章学诚：《文史通义》内篇三《史德》，叶瑛校注本，中华书局 1985 年版，第 220 页。

④ 齐思和：《史学概论讲义》，天津古籍出版社 2007 年版，第 14 页。

⑤ 同上书，第 14—15 页。

⑥ 同上书，第 15 页。

备的知识结构，对与史学有密切关系的学科要有了解，对史学与其他学科的关系要明了。"近世学术研究虽趋于分工专门，然各门学问皆不能完全独立，而有待于其他学科之辅助。"① 在史学与其他学科的关系问题上，齐思和认为史学与社会学、政治学、经济学、地理学以及语言学、考古学、目录学、年代学都存在着密切关系。这种关系又可分为两个层次，史学与社会学、政治学、经济学、地理学的关系属于"相关科学"，这是第一层次。齐思和认为史学与社会学既有区别，又存在密切联系。"历史与社会学之最大区别在其所研究者，一为个别事实，一为普遍法则。历史之目的，在研究与解释某时某地所发生之具体事实；而社会学之目的则在寻求超乎时间之关于人类社会之普遍的法则。"可见，二者在研究对象、研究目的上存在着重大区别。当然，史学与社会学也存在着密切的联系，"社会家探索原理，须凭藉事实，而此事实之最大部分，须仰给予史家之研究，史家之解释史事须明社会演变之原理，而此种原理可参考与社会学之探索"②。这就是说，史学与社会学是相辅相成、互为促进的。

齐思和认为政治学、经济学都是史学研究的重要对象，政治学、经济学的研究方法对史学研究也有促进作用。而地理学对史学尤为重要，他认为："其他学科与历史之最有关系者，殆莫过于地理学，夫史事之发生，皆有时间性与空间性，因之对此空间之研究，为史家不可少之知识。"③ 民国时期，相当长一段时间内，中学与大学的课程设置，历史与地理是合为一科的。这从另一个角度印证了史学与地理学的密切关系。第二个层次，即"辅助科学"，与第一层次的"相关科学"相比，这些学科与史学有着更为密切的关系，它们有"语言小学""考古学""目录学"和"年代学"。齐思和认为在这四门"辅助科学"中，"语言小学"是治史的基本工具，是人们研读史料的基本凭借。"考古学"为史学研究带来新材料，推动史学研究的不断发展。"目录学"有助于研究者搜集史料，"告知吾人关于某问题之重要著作为何？其价值若何等问题"④。"年代学"是开展史学研究的又一重要工具。此外，齐思和还指出档案学、印鉴学、服

---

① 齐思和：《评维森著〈历史辅助科学论略〉》，《历史教育》1937 年第 2 期。

② 齐思和：《史学概论讲义》，天津古籍出版社 2007 年版，第 52—53 页。

③ 同上书，第 56 页。

④ 同上书，第 61 页。

章学、谱牒学都是史学研究不可或缺的工具性学科，史家都应予以重视。

　　齐思和从史家的知识素养角度，对史学与其他学科的关系作了论述，逻辑严密，层次分明，指出了与史学存在密切关系的若干学科，并指出了它们之间的区别与联系，以及对史学研究的重要意义，这些观点在当时颇具新意。时至今日，学科划分越来越细，学术研究呈现专科化趋势，这要求史学工作者在开展史学研究过程中必须对姊妹学科有所了解，从这个角度上讲，齐思和的这些论点仍然具有参考价值的。

　　尤其值得注意的是，齐思和将史学与其他学科的关系分为"相关科学"与"辅助科学"两个层次，这是他在这一问题上的重要创见。李大钊的《史学要论》，梁启超的《中国历史研究法》及其《补编》，都是20世纪二三十年代著名的史学理论著作，对于史学与其他学科的关系也有较为详尽的探讨，但从分层次的角度论述史学与其他学科的关系，是齐思和在认识上的首创。尽管齐思和对史学与其他学科的关系的认识，可能不及梁启超所论全面、李大钊所论深刻，但从分层次的角度来论述，则显示出齐思和分析问题的独特视角。

　　此外齐思和还对史学的功用问题十分重视，早在青年时期，就曾撰写专文探讨史学的价值与功用。齐思和关于史学的功用思想，集中体现在其1930年发表的《论史学之价值》以及1936年任教北平师范大学时所编写的《史学概论讲义》中的相关章节。概括来讲，齐思和对史学的传统价值与功用作了批判，他认为史学不具备惩恶劝善、激发爱国主义、求得历史教训等作用，认为史学"只能帮助我们了解现在，并且推测未来，这是历史唯一的用处"①。

　　中国史书自《春秋》肇始，就有惩恶劝善的伦理功能。"孔子成《春秋》，而乱臣贼子惧。"② 后世史家承继了这种观念，史书编纂承载了伦理评价的功能。对此，齐思和持否定态度，他反对历史的伦理功用与资鉴功能。他说："第一，事实告诉我们，要拿历史来使乱臣贼子惧，这无异于对贼讲孝经，直是做梦。见了一个字的褒贬就生畏惧，这样的好人也不曾做乱臣贼子了。""第二，拿伦理的目的来作历史，往往因为太重褒贬的缘故，不免牺牲了事实。""第三，平常的人，多半是庸庸碌碌，既不足

---

① 齐思和：《论史学之价值》，《燕大月刊》1930年第7卷第1—2期。
② 《孟子译注·滕文公下》，杨伯峻译注本，中华书局2005年版，第123页。

褒，也不足贬……历史是全人类造的，决不是为首一二人的事业。领袖的事业不过是大众力量的表现。我们如果仅注意几个为首的人物而忘大众，这不过仅看见事实表面而不知他的根本原因。"①

在批判史学的伦理功能之后，齐思和认为"史学的目的和史学的用处，是不能分开的。譬如从前大家以为史有惩恶劝善的功能，于是便有大批春秋史籍的出现；大家以为可以从历史中求统治方法，于是又有大批《资治通鉴》式的史籍出现。我们知道，现在大家对于历史的观念改变了，我们既不相信历史能改革世风，更不相信历史能给我们教学，至于藉历史来宣传主义，或做做文章，我们以为更不应该。"② 需要说明的是，《论史学之价值》是齐思和在青年时期所作的文章，观点显得比较激进，明显受到新史学思潮的影响，反对传统史学的伦理功能与借鉴价值。1936年所编的《史学概论讲义》中，齐思和依旧持上述观点。认为历史学的功用在于"了解现在，预测未来"，这一点无疑是无可厚非的。但如果因此就否认历史学的借鉴价值与伦理功能的说法，则反映了齐思和在史学功用问题认识上的局限性。历史不仅能使我们明治乱得失、彰往察来，而且能够使我们以史为鉴，起到历史"自镜"的作用。③

小　结

齐思和的史学批评活动与史学理论探索，是齐思和史学成就的重要部分。齐思和对史学批评的重视程度，在20世纪上半期十分突出，他的史学批评，具有鲜明的主旨，开阔的视野，突出的特点。齐思和的史学批评活动促进了他对史学理论的探索。《史学概论讲义》集中体现了齐思和在史学理论方面的成就，他论史学的性质、论史料及其分类、论历史编纂、论史家的素养，在当时别具一格，具有自己的特色，形成了一家之言。

---

① 齐思和：《论史学之价值》，《燕大月刊》1930年第7卷第1—2期。

② 同上。

③ 瞿林东：《中国史学通论》，武汉出版社2006年版，第43—45页。

第五章

齐思和在史学史研究领域的建树

早在 20 世纪 30 年代，齐思和的研究视角从历史领域扩及史学领域，他先后撰写多篇文章，分析、评论中国史学发展的问题，如《最近二年来之中国史学界》《现代中国史学评论》《中国史学界的展望》，凸显了自觉的史学意识。20 世纪 40 年代，齐思和将研究视角扩及史学史领域，他撰写了在中国学术史、中国史学史上具有重要学术价值的文章——《近百年来中国史学的发展》，全面梳理了清初至新中国成立前约 300 年间中国史学的发展脉络。新中国成立后，尤其是 20 世纪 60 年代初期，齐思和发表了不少关于史学史的文章、讲话，对史学史研究的某些基本问题，提出了自己的看法，如史学史研究的范围，中国史学史的分期及其特点，西方史学史的分期及其特点，并就中西史学发展作了初步的比较。此外，齐思和还主持翻译了鲁滨孙的《新史学》。齐思和在史学史研究领域的建树，为中国的史学史学科建设作出了重要贡献。

一　论史学史研究的范围

齐思和涉及史学领域宽广，作为其史学成就的一部分，史学史并不是他重点关注的研究领域，但他撰写的关于中国史学史的论著，在中国近现代史学史上，具有重要的学术价值，时至今日，仍然具有参考意义。

史学史研究的范围问题，是开展史学史研究不可回避的问题之一。齐思和对史学史的认识，首先反映在他对史学史研究范围的界定。

首先，怎样看待史学史研究的范围。史学史研究的范围是史学史学科自身的一个重要问题，20 世纪 20 年代，梁启超在《中国历史研究法补编》中，首次提出撰写中国史学史问题，并对中国史学史的范围作了初步的界定："中国史学史，最少应对于下列各部分特别注意：一、史官；

二、史家；三、史学的成立及发展；四、最近史学的趋势"①。"从中国史学史专业或学科的创立来看，梁启超位居首功，自无疑义。"② 三四十年代，魏应麒、金毓黻等分别撰写《中国史学史》，深受梁启超的影响，代表了早期的中国史学史研究水平。这些著作主要探讨史家、史书，对中国史学史本身的理论问题的研究尚未涉及。50 年代，刘节在中山大学讲授中国史学史，认为史学史的范围以历史编纂学、历史哲学、历史学与其他学科关系为重点。③ 60 年代初，全国文科教材会议召开，并决定编写中国史学史教材。以此为契机，史学界开展了史学史基本问题的大讨论，史学史研究一时受到重视，北京、上海、广州、武汉等地先后召开了如何建设中国史学史这门学科的学术会议，学术刊物、报纸等都予以报道。这一时期"史学界关于史学史的讨论，推动了史学工作者对史学史的认识"④。

齐思和在当时的中国史学史研究方面是比较活跃的⑤，他参加了当时在北京召开的史学史座谈会，对史学史学科的发展多有卓见。1962 年 3 月，齐思和应邀到山东大学历史系作《中国史学思想的几个阶段》和《欧洲历史学的发展过程》的学术报告，并先后在《文史哲》杂志上发表。⑥ 这两篇文章集中反映了齐思和在中国史学史研究范围及其分期问题上的认识，表达了对当时史学史研究的薄弱现状的担忧，在论及史学史研究现状时，他写道："我们历史工作者们虽然研究的对象是历史，但是我们对于自己所从事教学研究的这门学问的历史却重视得非常不够。……史学史这门学科过去的基础就不及文学史、哲学史那样雄厚，近年来我们在这方面的努力，和文学史、哲学史比起来，未免相形见绌。"⑦ 针对当时史学史研究落后于文学史、哲学史研究的严峻现状，齐思和提出了自己的

---

① 梁启超：《中国历史研究法》（附补编），东方出版社 1996 年版，第 318 页。

② 瞿林东：《继承白寿彝先生的史学史思想遗产》，《北京师范大学学报》（人文社会科学版）2000 年第 3 期。

③ 刘节：《中国史学史稿》，中州书画社 1982 年版，"绪论"第 1—2 页。

④ 瞿林东：《继承白寿彝先生的史学史思想遗产》，《北京师范大学学报》（人文社会科学版）2000 年第 3 期。

⑤ 周文玖：《从梁启超到白寿彝——中国史学史学科发展的学术系谱》，《回族研究》2005 年第 2 期。

⑥ 其中《欧洲历史学的发展过程》，在《文史哲》1962 年第 3 期全文发表，《中国史学思想的几个阶段》在《文史哲》1962 年第 3 期以简介的形式发表。

⑦ 齐思和：《欧洲历史学的发展过程》，《文史哲》1962 年第 3 期。

期望："这种缺陷我们必须努力弥补。只有我们对历史学的发展过程具有深刻的了解，我们才能够对于这门学科的现状和将来的发展趋势有比较明确的认识。"① 在这里，齐思和强调了史学史研究对整个历史学发展的重要意义，对历史学学科建设之促进作用。

在谈到史学史研究的范围时，齐思和认为："史学史包括史学思想、历史编纂方法、辅助学科，和史学教育等方面。"而在这几个领域中，他尤其注重史学思想，认为史学思想是"历史学的灵魂，是推动历史学向前发展的动力"。同时，他又进一步指出史学思想"是经济基础在意识形态中的反映，是上层建筑的一部分，它的发展受着基础的制约"②。可以看出，齐思和运用历史唯物主义来分析中国史学史的有关问题。"历史编纂方法"也是史学研究的重要内容。"辅助学科"，即与史学关系密切的学科，或者说是史学与其他学科的关系，应当属于史学史研究的对象之一。"历史教育"与史学史有着密切的关系，史学史的重要任务之一就是要研究史学在社会中的作用、史学成果的社会影响③，而历史教育无疑发挥着重要的作用。以上，齐思和表现出对史学史研究现状的关注与反思，进而提出对史学史研究范围的看法。他的有关中国史学史研究范围的论点，与早期的中国史学史著作相比，显得更加明确、深入、具体，具有一定的合理性和理论意义，也反映了史学史研究随着时代的发展，学者对史学史研究范围的认识在不断深化。

二　论中西史学史的分期及特点

除了对史学史研究的范围有所论述之外，齐思和还对中国史学史、西方史学史的分期及其发展特点，有较为重要的论述。

怎样看待中国史学史分期的标准和原则。中国史学史的分期，依据不同的分期标准，自会提出不同的分期方法。有学者统计，以往的中国史学史分期，大约存在着五种不同的标准和原则，分别是：以史书、史家因素为依据，以不同朝代的兴替为分期标准；以史学自身的发展进程作为史学史分期的标准；以史学本身在其发展过程中所形成的特点作为分期标准；

---

① 齐思和：《欧洲历史学的发展过程》，《文史哲》1962 年第 3 期。

② 同上。

③ 白寿彝：《中国史学史论集》，中华书局 1999 年版，第 197 页。

以社会形态的演变作为分期的标准；以综合考察史学史的多方面因素作为分期的标准。①

齐思和在《中国史学思想的几个阶段》一文中，把中国史学史划分为四个阶段，并归纳了每个阶段史学所呈现出的各自特点。

第一阶段，"从有文字记录到汉朝建立以前，这是中国史学的萌芽时期"。其特点为"历史记载多是片断的、简单的，而且都是记述当前发生的事件，没有通史的概念"。这种"简单的"历史记载也有自己的主导思想，"汉朝以前的历史记载都包括事、文、义三个方面，事，就是历史事实，文，即文章，义，就是道理，（用现在的话说就是'文、史、哲'）"②。关于中国史学史的第一阶段的划分，关系到中国史学史的起始问题，实质上也关系到中国史学的起源问题，在这里齐思和将"有文字记录"作为中国史学起源的标志。此前杨翼骧也提出这种看法③，仓修良后来也认为文字是史学产生的基本条件之一④。需要说明的是，史学起源固然与文字的产生存在密切关系，但是远古传说"反映了一定的历史观点，也有自己的表述形式，从史学产生的渊源上说，传说是传播历史知识的最原始的形式"⑤，在这个意义上，似不能忽视传说对史学起源的意义。

第二阶段，"从汉代到宋朝建立以前，这是中国史学的建立时期"。这一时期史学发展的特点是："（1）史学已经从经学中分化出来，成为一门独立的学问；（2）通史的概念已经形成，出现了第一部通史——《史记》；（3）创造了纪传体的体裁；（4）历史记载的范围扩大到国外，记载国内的事情也突破了帝王将相的圈子；（5）写出了第一部史学评论专著——《史通》"⑥。可以看出，齐思和将史学脱离经学而独立、通史撰述的出现、纪传体的创设作为中国史学的"建立时期"的重要标志，反映出他在中国史学史分期问题上，注重从史学自身发展的特点来考察。

第三个阶段，"包括宋元明三代，这是中国史学发展的又一个新时代"。这一阶段的史学成就有："（1）通史体裁进一步发展和完善，写成

①　张越：《中国史学史分期问题综述》，《史学史研究》1989 年第 3 期。

②　齐思和：《齐思和在山东大学历史系作关于史学史的报告》，《文史哲》1962 年第 3 期。

③　杨翼骧：《我国史学的起源及奴隶社会的史学》，《天津日报》1961 年 12 月 6 日。

④　仓修良：《中国古代史学史》，人民出版社 2009 年版，第 5 页。

⑤　白寿彝：《中国史学史》第 1 册，上海人民出版社 2006 年版，第 30 页。

⑥　齐思和：《齐思和在山东大学历史系作关于史学史的报告》，《文史哲》1962 年第 3 期。

了《通鉴》《通志》《文献通考》《通鉴纪事本末》等大部头通史著作；（2）历史分类叙述法正式形成，马端临在《文献通考》中发挥了'历史是延续的整体、典章制度的演变是历史的主流'的观点，表现了史学思想的长足进步。"① 齐思和重点论述这一阶段中国史学出现的新情况，着重指出了这一时期通史撰述成就和典制体史书的新发展。

第四个阶段，"从清朝建立到五四运动前夕"。这一阶段又可分为前后两个时期，前半期史学发展特点是"汉学家与理学家对抗并压倒理学家的时期"；后半期"汉学逐渐衰落，魏源为代表的新学派渐渐抬头的时期。到清末民初，以梁启超为代表的资产阶级史学家介绍了西方的一些东西，自己没有创作。只有到十月革命以后，马克思列宁主义传入中国，我国的历史学才走上了科学的道路"②。在这里齐思和明显注意到学术思潮与流派在划分中国史学史分期中的作用。

以上是齐思和对于中国史学史分期的论述，虽然篇幅不长，但是包含着重要的思想价值，在史学史分期这个问题上形成了一家之言，这是其一。

其二，齐思和虽未明确指出在中国史学史分期问题上所依据的原则和标准，但从他对中国史学史分期的论述中，似可以看出，他对中国史学史的分期，没有采用以史家、史书因素或以朝代兴替因素来作为划分史学史分期的标准，而是根据中国史学自身的发展进程，以及中国史学发展的特点来划分。如他认为汉代之前是中国史学的萌芽时期，汉代到宋代之前是中国史学建立时期，宋元明时期是中国史学新时代。这种以史学自身发展进程及史学发展过程中的特点为分期标准的方法，反映了作者对史学史分期的深入思考，具有积极的意义。

其三，在中国史学史分期问题上，齐思和尤其强调史学发展中的继承性，指出"历史学的发展虽然一方面是和社会发展密切联系着的，另一方面，它又有继承性，尤其是在编纂体例、叙述方法等方面。这种继承性就形成了一种传统"③。在这里，齐思和对史学史分期的认识，一方面指出史学发展具有继承性，一方面又指出史学的发展、史学史的分期与社会历

---

① 齐思和：《齐思和在山东大学历史系作关于史学史的报告》，《文史哲》1962 年第 3 期。
② 同上。
③ 齐思和：《欧洲历史学的发展过程》，《文史哲》1962 年第 3 期。

史的发展存在着密切联系。齐思和在中国史学史分期问题上，强调史学发展的继承性，重视前后不同时期史学发展的内在联系，这是他在史学史方面的重要认识，反映了他的卓见。从以上论述我们可以看出，齐思和关于史学史分期的标准，是建立在综合考虑多方面因素基础上得出的，不仅考虑史学自身发展特点，而且顾及了社会发展、时代特点对史学发展的影响。当然，中国史学史分期是一个见仁见智的问题，而齐思和的史学史分期思想，则从一个方面反映了他的史学史思想。除了对中国史学史的分期问题有所述及外，齐思和还把视野转向了西方史学史。

中国的西方史学史学科建设在 20 世纪 60 年代步入了奠基时期，"在当时为中国的西方史学史学科建设作出直接的与重大的贡献的，当属'南耿北齐'（指复旦大学历史系耿淡如先生与北京大学历史系齐思和先生）。他们两人有许多相似之处：都曾在哈佛留过学；学成归国后，在 20 世纪 50 年代都以治世界中世纪史而享誉中国史坛；在 50—60 年代，都致力于西方史学的输入，译著宏富，且多为后人不断征引的西方史学名著"①。20 世纪五六十年代，由于政治上极左倾向的干扰，对西方史学大多采取摒弃的态度，致使当时的西方史学的输入异常冷落。齐思和、耿淡如两位学者，"在困难的情况下，为西方史学输入中国，作出不小贡献"。②

1961 年，为贯彻高等教育部关于编写文科教材的精神，在上海召开了外国史学史教材编写会议。会议充分认识到外国史学史（主要为西方史学史）的重要性，一致认为它应当列入高校历史系的教学计划，并决定由耿淡如先生主持编写《外国史学史》教材，由田汝康先生负责编译西方史学流派资料。会后，耿淡如先生的《资产阶级史学流派与批判问题》、齐思和先生的《欧洲历史学的发展过程》、吴于廑先生的《论西方古今的两个客观主义史学家》等，就是在这种气氛中发表的很有分量的论文，这些论文的发表推动了西方史学史研究的进一步开展。③

20 世纪 60 年代，中国史学界对史学史研究问题异常关注，"'史学史热'一时兴起，中国史学界开展了关于史学史问题的大讨论。'南耿北

---

① 张广智：《二十世纪后期西方史学输入中国的行程》，《史学理论研究》1996 年第 2 期；又见张广智《西方史学史学科在中国的历史进程述要》，《福建论坛》（人文社会科学版）2010 年第 1 期。

② 张广智：《现代西方史学》，复旦大学出版社 1996 年版，第 456 页。

③ 张广智：《西方史学史研究在中国》，《史学史研究》1985 年第 2 期。

齐'正是在这一学术背景下，成为促进这次讨论的中坚人物；也正是这一热潮中，耿、齐成为当时引入西方史学最有成就的代表人物"①。齐思和对西方史学输入中国的贡献很多，他重新翻译了美国新史学派代表人物鲁滨孙的名作《新史学》，在 20 世纪 60 年代初发表著名论文《欧洲历史学的发展过程》，"在当时于西方史学的传播，起到了很积极的作用"②。

《欧洲历史学的发展》一文有三个极为突出的特点：其一，除了对中国史学史的分期以及研究范围较为关注之外，齐思和对欧洲史学史的分期及特点也有论述。齐思和将欧洲史学史分为四个阶段：希腊、罗马时期，即奴隶制时期；中世纪时期，即封建主义时期；近代时期，即资本主义时期；现代时期。其二，关注中外史学的比较研究。"中国是世界上历史学最发达的国家，除了中国外，欧洲作为一个集体来讲，它的历史学也有很久的传统和相对丰富的内容。在奴隶社会和资本主义社会时期，它的历史学都达到了很高的水平。中国和欧洲的历史学传统，是世界上两个主要的历史学传统，我们正可以加以比较研究。"③ 其三，从中西史学比较视角，探讨欧洲历史学的特点。在介绍欧洲历史学的发展过程之后，齐思和从中西史学比较的视角，分析了欧洲历史学的特点。他说："所谓特点，必须从比较得来。拿欧洲历史学传统和中国历史学传统加以比较，我们可以看出欧洲历史学传统具有的特点。"④

齐思和认为欧洲历史学传统存在四个方面的特征。

第一，在发展过程方面，中国史学的发展，从萌芽时期到发达时期，一脉相承，逐步提高，封建主义历史学在中国达到了它的最高水平。与古代中国史学发展进程不同，欧洲历史学因为是在古代东方国家的基础上发展起来的，所以一开始就出现了比较完整的历史著作，但是它经历一个跌宕起伏的剧变过程，从希腊、罗马的奴隶制建立直至崩溃，长达 1000 年之久，欧洲历史学达到了它的最高峰；进入封建社会后，欧洲历史学进入衰落时期；到了资本主义时期，欧洲历史学重新崛起，达到了它的资产阶级历史学的最高水平，并为马克思主义历史科学的诞生创造了前提。

---

① 张广智：《现代西方史学》，复旦大学出版社 1996 年版，第 456 页。

② 张广智：《西方史学史学科在中国的历史进程述要》，《福建论坛》（人文社会科学版）2010 年第 1 期。

③ 齐思和：《欧洲历史学的发展过程》，《文史哲》1962 年第 3 期。

④ 同上。

第二，史书体裁方面。中国古代自司马迁《史记》起，纪传体史书成为中国传统史学的正规体裁，构成中国史学遗产核心的《二十四史》均以纪传体史书编写。纪传体、编年体和宋代出现的纪事本末体，成为中国古代历史学的最主要体裁。欧洲史学传统奠定于希腊时期，希罗多德、修昔底德受《荷马史诗》的影响，创立了叙述体，后来成为欧洲历史学的正规体裁，欧洲绝大部分史书都是叙述体，狭义的"历史"就仅仅是叙述体史书而言的。欧洲也出现过编年体史书，但是欧洲的编年史一般不称"历史"，而是叫作"年纪"（Annals）、"编年史"（Chronicle）。叙述体与中国古代的纪事本末体并不能简单类比，叙述体在体例上没有纪事本末体整齐，叙述体的优点在于比较灵活，叙述范围具有较强的伸缩性。

第三，从史书内容上来看，欧洲传统史学没有中国古代史学广博丰富，在18世纪以前，几乎是单纯的政治、军事史，18世纪之后，这种情况才有所改观。而中国古代史学包罗万象、范围广阔，不仅是帝王将相的传记，包括天文、地理、财政经济、水利工程、法律、典章制度、宗教民俗、图书目录、学术等诸多方面。

第四，从史书编撰主体来看，欧洲主要是私家修史，没有出现长期的、有系统的官方修史传统，因而欧洲历史存在很多空白点。中国古代很早就设有史官，唐代设立史馆，形成私家撰史和官方修史互相补充的优良传统。[1]

此外，齐思和于1956年在《光明日报》上发表《〈史记〉产生的历史条件和它在世界史学上的地位》，文章从中西史学比较的角度，比较了司马迁与同时代西方的史家，比如希罗多德等人，指出了司马迁在世界史坛的崇高地位。[2] "司马迁不但是中国史学之父，也是全世界古代最伟大的历史学家之一。"[3] 在《史记》问世之时，世界范围内，以中国、希腊、罗马史学最为发达。齐思和在文中把司马迁与同时代西方史家希罗多德、修昔底德、普鲁塔克等人的史学著作作了比较，凸显了司马迁《史记》的价值。"我们若把他们的著作加以比较，便更能认识司马迁的伟大和他

---

① 齐思和：《欧洲历史学的发展过程》，《文史哲》1962年第3期。

② 齐思和此文后来改为《略谈司马迁——在司马迁诞生二千一百周年纪念会上的讲话》，收入氏著《中国史探研》。

③ 齐思和：《略谈司马迁——在司马迁诞生二千一百周年纪念会上的讲话》，《中国史探研》，河北教育出版社2003年版，第390页。

著作的特点。""和希腊史学名著比起来,《史记》的特点,在于它的全面性,尤其是对于生产活动,学术思想和普通人在历史上地位的重视。"①从中西比较的视角,来谈司马迁及《史记》的学术价值,这在中国史学史上,应该是比较早的。张广智谈到此问题时曾感慨:"惜齐思和未就此详加阐发,在当时条件下,不管从宏观上还是微观上对中外(中西)史学进行的比较研究,对齐思和之论都未有积极的回应,因而也就成了一种'空谷足音'。"② 这充分体现了齐思和学术视野的开阔,对中西史学的深刻的理解,以及中西比较方法运用的娴熟。

总之,齐思和关于史学史研究范围、中西史学史分期及其特点的论述,都属于史学史本身的基本理论问题,反映了他对史学史重大问题的宏观思考。

三　论中国近代史学发展趋势

20 世纪 20 年代,梁启超提出编纂中国史学史问题,并且认为中国史学史应该重视四个部分:"一、史官;二、史家;三、史学的成立及发展;四、最近史学的趋势。"③ 在梁启超的中国史学史编纂思想的影响下,20 世纪 40 年代出版的中国史学史著作,大都重视"最近史学趋势"的探讨,如魏应麒的《中国史学史》设有"民国以来的史学"一章④;金毓黻的《中国史学史》,专设"最近史学之趋势"一章。齐思和似乎也受到梁启超的影响,他在持续关注中国近代史学发展趋势⑤。他对中国近代史学发展趋势的分析与探讨,主要表现在两个方面:一方面,从纵向梳理中国近代史学发展大势,同时指出影响中国近代史学发展的各种因素,并指明在不同阶段,中国近代史学所呈现的不同特点;另一方面,从横向分析中国近代史学发展过程中出现的重要流派,以及中国近代史学发展中存在的

① 齐思和:《略谈司马迁——在司马迁诞生二千一百周年纪念会上的讲话》,《中国史探研》,河北教育出版社 2003 年版,第 391 页。

② 张广智:《现代西方史学》,复旦大学出版社 1996 年版,第 460 页。

③ 梁启超:《中国历史研究法》(附补编),东方出版社 1996 年版,第 138 页。

④ 魏应麒:《中国史学史》,商务印书馆 1941 年版。

⑤ 严格来说,齐思和对中国史学趋势的关注,更多是属于对当代史学发展趋势的关注,由于我们习惯上将民国时期的史学归入近代史学,故在此将齐思和对当代史学的研究,统一界定为齐思和对中国近代史学发展趋势的研究。

问题，并对这些问题的解决提出展望。

第一，认为 20 世纪 30 年代，中国史学出现由"破坏时期"向"建设时期"过渡的趋向。1936 年齐思和发表《最近两年来之中国史学界》，回顾了过去十余年间中国史学界发展概况与趋势，并重点阐述了"最近两年来"中国史学界所取得的学术成就。他说："'新文化运动'发生以来，中国学术界进步最速者莫过于文学与史学。"而史学在短时间内取得如此重大进步，离不开"新史学方法"的提倡。他又说："民十（引者按：即民国十年）胡适之、顾颉刚诸先生提倡新史学方法之时，举国哗然，目为狂悖，曾几何时，不惟胡、顾诸先生所提倡者，一一为学者所承认，且或有更激烈于是者，此殆大势所趋，不能徒以口舌争欤？"[①] 他进一步指出新文化运动以来中国史学的进步，尤其是在"新史学方法"的传播运用上，主要表现在三个方面：一、认为胡适"以西洋史学方法，治中国哲学史科……将中国哲学史，断自老子，举凡旧日学者所目为天经地义三圣道统，十六字心传等事，皆一扫而空之，其论诸子，亦竞竞于真伪之分，于是学者耳目为之一新"，即认为胡适用新方法研究中国哲学史，起到了发凡起例的作用。二、认为"顾颉刚先生发表其著名之与钱玄同论古史书，倡'层累地造成的中国古史'之说，近世史学方法，始应用于我国古史"。指出顾颉刚发起的"古史辨"运动，所提倡的疑古辨伪思潮，是近世史学方法应用于中国古代史研究的开始。三、认为"留学欧美攻史学者，回国渐多，各以西洋史学方法从事研究，教授后学，最著名者如陆懋德、李济之诸先生倡以考古学治古史，何炳松先生之介绍新史学，而洪煨莲先生尤邃于西洋史学方法"[②]，作者在此强调留学学者带回欧美学界流行的史学方法，用以研治中国史，并开拓了许多新的史学研究领域，给中国史学界带来了新气象。到了 20 世纪 30 年代中期，"经诸先生之提倡，新史学方法，逐渐为一般人所宗信，昔日之诧为狂悖，目为荒谬者，今皆已成为公认之真理，学术演变之速，顾不足惊也？故近数年来，新史学已由破坏时期入于建设时期"[③]。

---

① 齐思和：《最近二年来之中国史学界》（原载《朝华月刊》1931 年第 2 卷第 3、4 期合刊），齐思和著、齐文颖整理《史学概论讲义》，天津古籍出版社 2007 年版，第 184—185 页。

② 同上书，第 185、186 页。

③ 同上书，第 186 页。

从齐思和的这些论述中，可以看出，在抗日战争全面爆发之前，"新史学方法"已经从十年前被学界"诧为狂悖""目为荒谬"，发展到"已成公认之真理"。可见，"新史学方法"被史学界接受的过程，也就是中国史学由"破坏时期"向"建设时期"的转折过程，"新史学方法"无疑起到了重要的推动作用。当然，齐思和在这里用的"新史学方法""新史学"等概念，与梁启超、何炳松倡导的新史学思潮，存在区别，前者似更接近于周予同《五十年来中国之新史学》中的"新史学"之含义，是从广义上与旧史学相对而言的。此外需要指出的是，在20世纪二三十年代，新的历史观的引入，同样是推动中国史学进步的重要动力，对此我们要全面看待。齐思和在20世纪30年代中期，积极探索"新史学方法"对中国史学的推动作用，力图把握史学的时代脉搏，表明了他对中国史学发展趋势的关注。

第二，横向分析中国近代史学发展中存在的问题。前文主要是从纵向考察齐思和对中国近代史学发展趋势的认识，这里着重从横向讨论齐思和关于中国近代史学发展中存在的问题以及对这些问题提出的看法。1946年初齐思和发表《现代中国史学评论——掌故派与社会学派》一文，文中分析当时中国史学界的形势是："旧史学已被打倒，而新的还没有建设起来。"作者指出中国史学界存在的两种流派："一种是琐碎考订的发达，我们可称他为掌故派"，另一种"因厌弃掌故派的繁琐苛碎的考订，遂要研究中国整个社会的进展，我们可称他们为社会史派"。"掌故派"的优点是"考证则细入毫芒，征引则繁富博赡"，缺点也十分明显，"一看他们的题目，多是冷僻偏窄，无关宏旨……其问题较钱（大昕）王（鸣盛）更窄小，更琐碎，真是钻入牛角了"，"他们但知聚集些材料，而缺乏思想，缺乏'史观'"；"社会史派"的长处在于"他们对于现代社会科学的知识较掌故派为丰富，因之他们所选择的问题也较掌故派为要重。所以他们的著作，有的能风行一时，与读者以深的刺激"，但"这派人的著作，除了少数的例外，大多数所根据的史料并不充分，所以其结果也并不如掌故派的坚实"，且"往往先有一套史观，而后找材料。……往往急于求结论，他们的作品不免失于粗滥"①。

齐思和进而分析"掌故派"和"社会史派"在当时中国史学界的地

---

① 齐思和：《现代中国史学评论——掌故派与社会学派》，《大中》1946年第1卷第1期。

位以及存在的问题，指出"二派是现今中国史学界中的二种最重要的派别。这两种派别互相嘲笑攻击，彼此都各是其所是，各非其所非"，此种现象"是中国史学界当前最重要的问题"①。那么应当如何调和二派之间的分歧，消除各派在学理上、方法上的缺陷，促使中国史学健康发展呢？齐思和认为："我以为掌故派和社会学派应当放弃彼此互相轻视的态度，而应采取对方的长处，切实合作，掌故派要放弃他们冷僻的问题而采取社会学家的问题。……若是他们放弃了他们'闭门造车'的态度，参考现近史学的潮流，研究些社会经济典章制度的重要问题，那他们对于史学的贡献要大得多。""社会史派"则需要"少谈些理论，多搜集些事实。事实既得，结论自明"。总之，"今后的史学家，要以理论来作为选择问题的启示，要以材料中获取得理论。'理论与事实合一'，这是我对于现近中国史学界的第一个要求"②。齐思和的这些评论、分析，今天读来，仍有现实的意义和重要的参考价值。学术流派抑或不同的学术研究风格，本应消除派系芥蒂，互相包容，互相交流，互相吸收对方之优点，只有如此，学术研究方能取得更大的进步。如若各个流派相互攻击，党同伐异，则学术为天下之公器之初衷，则难实现。

在此后的《中国史学界的展望》一文中，齐思和继续阐发关注中国史学发展趋势的思想，对当时中国史学的未来走向作了展望：

至于将来史学界的趋势，究应如何处理，我认为有几点应当特别注意：（一）专题研究与社会史研究合一。我们知道，今日欲治历史，以一人的精力来完成一部尽善尽美的通史，已不可能。历史需要多数人的合作与努力。譬如积砖成屋，才能根基稳固。所以国史的改造，应当由专题研究开始。不过所说的专题，并不是琐碎片断而无意义的，乃是大问题的枝节。必须与整个社会问题有关。具体来讲，欲改善今日之农业，则研究以前错综复杂的田制，及农业的进展，是何等重要？如农作物，农具的进步沿革，都大有关联。所以题目可专，范围可窄，而研究之问题须有重要性，须与解决当前问题有关，而非

① 齐思和：《现代中国史学评论——掌故派与社会学派》，《大中》1946年第1卷第1期。
② 同上。

专题掌故，这似乎是今日治史者应当遵守的途径。①

　　齐思和在此特别强调专题研究，他所指的"专题研究"与此前所论的"掌故派"的研究类似，但所研究问题"不是琐碎而无意义的，乃是大问题的枝节"。"专题研究与社会史研究合一"的观点与前述"理论与事实合一"意义接近，不再赘述。"中国史与西洋史合一"是要运用比较的方法，在中西比较的基础上，"以中国人的眼光来研究西洋史，以西洋史的方法来整理中国史"②。"断代史的研究要均衡发展"，是针对当时中国史研究中存在的断代研究不均衡现状而言的。齐思和认为当时的中国史研究存在"偏重于头尾"的状况，即偏重于先秦史、元史、清史的研究，"其余时期，甚至是最重要的时期，如秦汉、隋唐、明代却很少有人来研究"③。可见，齐思和对未来史学发展趋势的分析、展望，着眼于当时史学界存在的问题，并力图探讨解决这些问题的途径。从宏观上关注史学发展，积极思考、回答中国近代史学发展过程中的各方面问题，反映了齐思和在史学上的卓识。

　　第三，分析中国近代史学发展趋势，探讨"近百年来"中国史学得失。从19世纪40年代到20世纪40年代，是中国历史由古代进入近代的100年，也是中国史学由古代向近代转变的100年。在20世纪40年代，中国史学界出现了一些探讨百年史学发展趋势、总结百年来史学得失的论著。④ 1949年齐思和发表《近百年来中国史学的发展》一文，实际上是一部简明的中国近代史学史纲。在这篇三万余言的长文中，齐思和对近百年来"中国史学何以落了伍"、西方史学何以发达等问题作了探讨，并提出此文主要关注的问题是："百年来中国史家究竟做了些什么事？最近改造旧史史学的成绩如何？将来应该采取什么途径？"作者明言撰写此文的动机是："近来虽然有不少论中国近五十年来或三十年来当代中国史学的文

───────────

①　齐思和：《中国史学界的展望》，《大中》1946年第1卷第5期。

②　同上。

③　同上。

④　当时这些论著主要有：周予同的《五十年来中国之新史学》（《学林》第4辑，1941年2月）；顾颉刚的《当代中国史学》（重庆胜利出版公司1945年版）；邓嗣禹的《五十年来的中国历史编纂学》（《远东季刊》1949年第2期）；齐思和的《近百年来中国史学的发展》（《燕京社会科学》1949年第2期）；等等。

章和书籍，但从近百年来中国史学发展上来作对比的似乎还没有，遂引起我作此文的动机。我在本文所要说明的是些大的趋势，至于各史家的著作目录，基本通行的书目已经罗列甚详，无须再加撮钞了。"① 可见，此文与当时同类论著相比，具有鲜明的特色：一是注重在中西对比的背景下，探讨近百年来中国史学的发展；二是侧重从大的趋势上勾勒近百年来史学的发展脉络，不局限于具体的史书、史家；三是具有严密的逻辑思维，如前述齐思和这篇长文所要关注的三个问题，层层深入，周密严谨。

《近百年来中国史学的发展》主要就"晚清今文学与史学""晚清的边疆史地学与域外史地学""晚清时期关于当代史的修撰""新史学的输入和通史教本的纂修""从古史辨运动到社会史运动"等问题，从纵向梳理了 19 世纪 40 年代至 20 世纪 40 年代近百年来中国史学的发展大势。

首先，齐思和追溯了清代前期史学的发展概况，探讨了这一时期史学呈现的特点。他认为，清初史学特点是："竭力实事求是，易主观为客观，改空谈为征实，处处要求证据，不尚空谈。"官修《明史》和马骕编著的《绎史》是这一时期史学成就的代表作，尤其是马骕的《绎史》，齐思和给予很高评价，称赞其"是何等谨严！何等客观！这种注重客观的矜慎态度，便是清代史学的特点"②。马骕的《绎史》在史料甄别、体裁创新方面有许多独到之处，在中国史学史上应该得到适当的评价，而齐思和是较早对其予以肯定的学者。

其次，齐思和指出晚清时期史学界出现了转折，呈现新的发展趋势：今文经学的异军突起，本朝史撰述、边疆史地和域外史地研究成为学界关注的热点。他指出："道光以后学术的新风气是谈富强，讲经世。在经学方面，由训诂典章名物之学，转而讲微言大义，以求通经致用，遂要讲今文，要沟通汉宋。在史学方面，由考订校勘转而趋于研求本朝的掌故，讲求边疆地理以谋筹边，研究外国史地以谋对外。"他还指出这一时期的史学以龚自珍、魏源为代表。此外，齐思和尤其重视晚清今古文经学之争对中国史学发展的影响，他写道："今古文之争到现在虽已过去，但是对于后来的史学思想却有莫大的影响。其影响可以从三个方面来说：第一，今文家指出了古史的神秘性。……第二，今文家指出了周、秦诸子托古改革

① 齐思和：《近百年来中国史学的发展》，《燕京社会科学》1949 年第 2 期。
② 同上。

的事实。……第三，今文家引起了现代辨伪的风气。"① 齐思和对晚清史学发展特点的总结是十分中肯的，并且从时代背景分析经史关系，敏锐地洞察到今文经学对后来顾颉刚"古史辨运动"的影响，这表明齐思和对史学发展趋势的内在因果关系的重视。

再次，齐思和指出 20 世纪初，中国史学特点之一为"新史学的输入与通史教本的编纂"。他认为，梁启超提出"新史学"理论，最大的贡献是引入了西洋史学方法，促使了中国通史教科书的编纂。他还进一步指出在介绍西洋史学方法方面，梁启超之后最有影响的就是胡适与何炳松；在通史教科书编纂方面，成就明显的有夏曾佑的《中国古代史》、刘师培的《中国历史教科书》、王桐龄的《中国史》等。② 齐思和对 20 世纪初中国史学的特点的总结，反映了当时中国史学的发展脉络。

最后，齐思和认为 20 世纪二三十年代，中国史学最为瞩目的发展态势是"古史辨运动"的兴起、社会史论战、新史料的发现以及专题研究的发展。关于"古史辨运动"，齐思和评价道："这场辩论最重要的贡献是引起大家对于审查史料工作的重视"，"古史辨运动，在中国近世史学史上地位与 19 世纪初年西洋史家如尼泊（Niebuhr）等人，同垂不朽，都是指出了史学研究的第一步的基本工作，史料的审查"。"古史辨运动"之后，中国史学界出现"社会史运动"。齐思和笔下的"社会史运动"主要指 20 世纪 30 年代的中国史学界的社会史论战。齐思和对社会史论战的始末进行了梳理，并评价道："这是第一次依据马克斯（引者按：即马克思）主义对与中国社会发展的大辩论。大家都是用了辩证法和唯物史观，但是同样的观点和同样的方法却产生了如此不同的结论。"作者还积极评价了马克思主义史学家对中国社会史研究的贡献，他说："中国社会史的研究到了郭沫若先生才真正地走上了学术的路上"，"中国社会史之唯物辩证法的研究，到了范文澜先生所著编的《中国通史简编》，才有初期的创造而开始走向进了成熟的时期"，"最近翦伯赞先生的《中国史纲》，很受学术界的重视"。从这些简要评论中，可以看出齐思和对马克思主义史学的注意和肯定，也反映了随着时代潮流的演进，齐思和的学术关注点也在不断地扩大。

---

① 齐思和：《近百年来中国史学的发展》，《燕京社会科学》1949 年第 2 期。

② 同上。

此外，齐思和还提及了新史料发现以及专题研究的成就。新史料的发现主要是安阳殷墟、敦煌古物、史前遗址、内阁档案等的发现。齐思和对考古遗址的重视，说明他已经认识到考古学对中国史学发展的促进作用。专题研究包括商周史、秦汉魏晋南北朝史、隋唐史、宋辽金元史、明清史，以及中西交通史等，在近百年来都取得不小的成绩，出现了一批学术精品与术业专攻的史学专家。① 齐思和对 20 世纪二三十年代中国史学发展态势的总结，大致反映了那个时代中国史学发展的客观实际，显示出作者开阔的史学视野。

总之，在《近百年来中国史学的发展》一文中，齐思和从纵向梳理了 19 世纪 40 年代至 20 世纪 40 年代中国史学的发展概况，并试图总结这一时期中国史学的发展趋势。以笔者的浅见，是否可以从以下几个方面来概括齐思和在上述问题的认识。

其一，新的史学方法的引进。"第一位积极介绍引进西洋史学，并呼吁改造中国史学的是梁启超先生"，胡适是"梁氏以后，向国人介绍西洋史学方法最有影响的人"，何炳松是"梁、胡二氏以外，对于西洋史学理论方法的介绍工作最努力的"。三位学者引进西洋史学方法，对国内史学界造成了很大影响，"新史学的输入引起了改编国史运动"②。

其二，通史教科书的发展。新史学思潮使西方史学理论与方法大量传入国内，一些学者尝试用新的历史体裁编写中国历史教科书，当时的"通史课本的编纂虽然改变了中国史学的体裁，但对于传统史学的内容，却很少改变"③。而通史教科书内容的改变，是到了古史辨运动和社会史论战之后④，即引入了新的史料观和历史观之后。可以说，20 世纪上半期中国通史教科书的发展，呈现如下发展趋势：通史类著作从无到有，从体裁上的变化到内容上的更新，从以进化史观为理论支撑到以唯物史观为指导。

其三，历史观的进步。五四运动前后，顾颉刚提出了"层累地造成的古史观"，北伐战争后，"以唯物史观的观点对于中国过去的文化加以清

---

① 齐思和：《近百年来中国史学的发展》，《燕京社会科学》1949 年第 2 期。

② 同上。

③ 同上。

④ 当时出现的以新的历史观为指导的中国通史著作，有翦伯赞的《中国史纲》（五十年代出版社 1944 年版）、吕振羽的《简明中国通史》（生活书店 1941 年版）等。

算"。在齐思和看来，古史辨运动与社会史论战，都是运用新的历史观点去整理传统中国史学，他写道："假如古史辨运动可以象征五四的史学，那么中国社会史论战便可以象征北伐后的新史学。"① 从中国史学发展进程来看，"历史观的进步是 20 世纪中国史学最显著的进步"②。齐思和从历史观的演变，来分析中国近代史学发展趋势，这是值得肯定的。

其四，新史料的发现。"我们的史学界，不但在方法上、史观上有伟大的进步，而这五十年又恰好是中国有史以来史料发现最多的时期。"新史料的发现，促使"史前考古、甲骨文字、钟鼎文字、西北史地皆成了专门的学问"③。新史料的发现是中国近代史学的一大成就，反过来又推动了中国近代史学的发展。

其五，史学研究呈现专门化趋势。"现代史学是建立在专题研究之上的，正是有了砖才好造房"，"专门化是科学工作的基础，只有细密的分工，才能有可靠的收获。现在学界如司马迁、司马光包办全史（教科书除外）的时代已经过去了"，"现代史学和现代科学一样已经走到集体工作的阶段上"④。就是说中国史学出现了专题化研究的趋势，史家更多的是某领域的"专家"，而不是传统上经史子集都懂的"通才"，并且要求史家发挥众长，共谋史学发展。当然我国古代也有集体修史的传统，《资治通鉴》也不是司马光"包办"的，此处的专题研究、集众家之长是在新的条件下从史学发展趋势着眼的。

小　结

齐思和在史学史方面的成就，主要包括史学史的研究对象与范围、中国史学史的分期与特点、西方史学史的分期与特点，以及对中国近代史学发展的总结与论述。其中最具特色的是齐思和对中西史学史的分期和特点，都有论述，这在当时的史学界是比较突出的。齐思和的《近百年来中国史学的发展》一文，被学术界认为与周予同的《五十年来中国之新史学》齐名，是在当时同类型文献中最重要的两篇。

---

① 齐思和：《近百年来中国史学的发展》，《燕京社会科学》1949 年第 2 期。

② 瞿林东：《20 世纪的中国史学》（原载《历史教学》2000 年第 3、5 期），瞿林东《20 世纪中国史学散论》，安徽人民出版社 2009 年版，第 24 页。

③ 齐思和：《近百年来中国史学的发展》，《燕京社会科学》1949 年第 2 期。

④ 同上。

第六章

比较与会通：齐思和的史学风格

　　20 世纪的中国史坛，涌现出一批中西兼治、中西兼通的史学家，他们学术视野开阔，治学领域广泛，在中外历史研究中取得了丰硕的成果，齐思和就是其中之一。在众多中西兼通的史家群体中，齐思和的特色更为耀眼，他的史学风格不仅仅是中西兼通、中西比较，而是古今兼通。他的治学范围宽广，他治中国史，精于中国上古史，对中国近代史也有深刻的研究；治世界史，则精于世界中世纪史，对世界上古史也作出重要贡献，开创世界现代史研究之先河。他的研究功底深厚，不仅精于乾嘉考据，"有深刻的考证功力"①，而且重视宏观问题的思考，对中国的古史体系提出了自己的看法，对于中国史学发展也提出过精湛的见解。齐思和不仅在学术研究层面取得了不俗的成就，而且在文献资料的整理方面，在教科书、历史普及读物的编纂方面也有突出贡献。在历史研究层面，如《中国史探研》《封建制度与儒家思想》《史学概论讲义》等；在历史文献资料整理方面，如他主编了《中国近代史资料丛刊》中的《鸦片战争》（6册）与《第二次鸦片战争》（6 册）部分，还整理出版了《筹办夷务始末》（6 册）、《夷氛纪闻》《黄爵滋、许乃济奏议》《西藏地方历史资料选编》（清初部分），还参与标点《资治通鉴》。此外他还主编了《世界史资料丛刊》中的《中世纪初期的西欧》《中世纪晚期的西欧》部分，主持翻译了鲁滨孙的《新史学》，等等。在历史教科书和历史普及性读物方面，齐思和主编了《世界通史》（周一良、吴于廑主编）中的《世界上古史》卷，编著出版了《世界中世纪史讲义》《世界现代史·提纲与文件》，参编《外国历史小丛书》，参编工具书《中外历史年表》，等等。齐思和的

---

　　① 马克垚：《学贯古今，史通中外——略论齐思和先生的史学》，《世界历史》1995 年第 2 期。

这些史学成就与特色，彰显了其会通的史学风格。对其会通史学风格形成的时代背景与原因，作深入的分析，有助于我们对那个时代的史学有一个新的认识，同时对齐思和的史学风格的形成轨迹有一个深刻的认识，也有助于全面把握齐思和史学风格的特点。

一　齐思和史学风格的形成

20世纪上半叶，中国历史经历了波澜壮阔的巨变，与之相对应，20世纪上半叶的中国学术也经历了巨大变化，中国史学也身在其中。在中国史学近代化道路上，出现了一批特殊的史学家群体，他们不仅在中国历史研究方面有精深的造诣，在世界史的研究与教学方面也取得了突出的成就。作为"中西兼通"类型的史学家群体，他们是在特殊时代出现的特殊学术群体，其中大多数自幼接受传统文化的熏陶，有着较为深厚的国学根底，后来又接受新式教育，有不少人还留学国外。

何谓"中西兼通"？如何"中西兼通"？"中西兼通"与古代的"会通"思想有何联系？中国近现代学术史上，尚未有人对"中西兼通"作出系统的阐释，"中西兼通"似乎与中国古代的"通""会通"思想有内在的联系。中国古代史学有重视"会通"的传统，不少史家都把求通作为毕生的治学目标。荀子在《解蔽》篇中提到"参稽治乱而通其度"[1]，没有对"通"作出阐释。《易·系辞》说"通其变，使民不倦"，"穷则变，变则通，通则久"，在这里，"通"与"变"前后联系得到重视。西汉史学家司马迁提出"究天人之际，通古今之变，成一家之言"[2]。司马迁的这一思想是先秦"通""变"思想的继承、丰富和发展。[3]南宋史学家郑樵在《通志·总序》中阐发了"会通之义""会通之道""会通之旨"，其主旨在于"重视古今'相因之义'，贯通历史的联系"，"重视历代损益，揭示'古今之变'"。有必要指出的是，郑樵的会通思想是在比较"会通"与"断代"两种不同的历史编纂视野得出的，"这是把'会通'概念引入史学领域最突出的表现"[4]。元代史学家马端临在《文献通

---

① 安小兰译注：《荀子》，中华书局2007年版，第286页。
② 班固：《汉书》卷六二"司马迁传"，中华书局1962年版，第2735页。
③ 瞿林东：《中国史学史纲》，北京师范大学出版社2010年版，第115页。
④ 瞿林东：《会通思想与历史编纂——论中国古代史学的一个特点和优点》，《史学月刊》2010年第11期。

考·序》中强调"会通相因之义"，其主要理论贡献在于"一是指出了在'会通'思想指导下，不同的历史撰述宗旨自有不同的历史撰述内容及其表现形式，二是指出了在'会通'思想指导下相同的历史撰述宗旨因历史条件的不同，历史撰述内容的详略自亦不同"①。清代史学家章学诚在《文史通义》的《申郑》篇与《释通》篇中，强调通史修撰的意义，把会通思想与史书编纂进一步结合。可见中国古代对于"通""会通"思想有一个不断深入发展的过程，是不是可以这样认为，如果说先秦至秦汉时期的"通""变"思想更多着眼于对历史发展的整体把握上，更多的是历史思想层面；那么宋元之后，"会通"思想的出现，不仅仅侧重于对历史认识的把握，更多的是对历史编纂方面的要求。不仅包含历史思想的内容，而且上升到了史学思想层面。

近代以来，随着时代的巨变，对"通"提出了新的要求，更多强调中西学问的贯通与融合。郑观应主张："融合中西之学，贯通古今之理。"② 严复也说："统新故而视其通，苞中外而计其全。"③ 在20世纪上半叶，在学问上达到"中西兼通"境界的，也有不少学者。齐世荣在谈到中华人民共和国成立前我国的世界史学科建设时认为，王桐龄、何炳松、李泰棻、周谷城、周一良、雷海宗、周传儒、齐思和等人属于中西兼通类型的学者，他还指出"中西兼通，是他们共同的长处。雷海宗先生对中国通史、中国古代史和西洋史都有很深的造诣。齐思和先生精研西周、春秋和战国史，在燕京大学任教时还讲授过西洋现代史，这门课非常'叫座'，文法两院学生听者甚众。周一良先生是魏晋南北朝专家，当时史学界公认为陈寅老的衣钵传人，但对日本史也很有研究，且是我国少数几个懂古日语的学者。这种中西兼通的学风和素养，值得后辈学习"④。杨翼骧在谈到中国近代史学中西比较研究问题时，认为"对中外历史进行比较，较知名的有陆懋德、雷海宗、齐思和，他们都在大学教书，陆懋德在北师大、雷海宗在燕大、齐思和在清华（按：此处有误，应为齐思和在燕大、雷海宗在清华），他们都教两门，中国上古史和世界中古史，讲中国

① 瞿林东：《中国古代史学批评纵横》，中华书局1994年版，第76—84、136—148页。
② 郑观应：《郑观应集》（上册），上海人民出版社1982年版，第285页。
③ 王栻编：《严复集》，中华书局1986年版，第50页。
④ 齐世荣：《攀登世界史研究的高峰——我国世界史学科中青年同志的历史重任》，徐蓝主编《世界史研究》第二辑，人民出版社2008年版，第4页。

史时用世界史比较，讲世界史时用中国史比较"①。从中国古代的"通""会通"思想，到近代以来的"中西融合""中西兼通"思想的出现，以及中西兼通类型史学家群体的出现，这个发展历程，说明中国史学家的眼光不断开阔，从关注中国历史发展，到具有世界眼光，再到融汇中西史学。

20世纪上半叶，中西兼通史学家群体在历史研究、教学领域取得了卓著的成就，为中国史学近代化、学科化作了不可磨灭的贡献。中西兼通史家群体的治学特色重在"通"中西史学，他们往往在中国史的某一领域取得了精深的造诣，同时又在外国史领域取得了突出的学术成就。

20世纪上半期中西兼通史家及治史成就举要

史家姓名	中国史成就	世界史成就	备注
王桐龄	《儒墨之异同》《中国史》《中国民族史》《中国历代党争史》	《新著东洋史》《东游杂感》	留学日本东京帝国大学
何炳松	《浙东学派溯源》《历史研究法》《通史新义》《程朱辨异》	《中古欧洲史》《近世欧洲史》《高中外国史》；译著：《西洋史学史》《新史学》等	留学美国，先后就读加利福尼亚大学、威斯康星大学、普林斯顿大学
李泰棻	《老庄研究》《西周史征》《方志学》《国民军史稿》《中国近世史》《中国史纲》《史学方法大纲》	《西洋大历史》《欧战史要》《西洋近百年史》《世界史》	毕业于北京高等师范学校史地科
张荫麟	《中国史纲》《素痴集》《张荫麟文集》		留学美国斯坦福大学
陆懋德	《周秦哲学史》《中国上古史》《史学方法大纲》《中国史学史讲义》	《美法民政之比较》	留学美国威斯康星大学、俄亥俄州立大学
雷海宗	《中国的文化与中国的兵》《文化形态史观》（与林同济合著）《国史纲要》《中国通史选读》	《西洋文化史纲要》《世界上古史讲义》	美国芝加哥大学历史学博士
陈恭禄	《中国近代史》《中国近百年史》《中国史》第一册《中国近代史资料概述》	《日本全史》《印度通史大纲》	
金兆梓	《尚书诠释》《近世中国史》《新编高中本国史》《中英外交史》《现代中国外交史》	《俄国革命史》《新编高中外国史》《初级世界史》	毕业于京师大学堂

---

① 杨翼骧：《中国史学史讲义》，天津古籍出版社2006年版，第158页。

（续表）

史家姓名	中国史成就	世界史成就	备注
周谷城	《中国通史》《中国社会史论》《中国政治史》	《世界通史》	就读于北京高等师范学校英语部
齐思和	《中国史探研》《史学概论讲义》	《西洋现代史纲要》《世界中世纪史讲义》《世界通史（上古部分）》《中国和拜占庭帝国的关系》；译著：《新史学》	哈佛大学历史科哲学博士
周一良	《魏晋南北朝史论集》《魏晋南北朝史札记》	《亚洲各国古代史》《中日文化关系史论集》、与吴于廑主编《世界通史》	哈佛大学历史科哲学博士

　　上表所列，只是20世纪上半期中国史坛中西兼通史家群体之一部分，难免挂一漏万。在这个中西兼通史家群体之中，大多在少年、青年时期受传统学术影响，具有一定的旧学根底，后来留学海外，直接受到国外新理论、新方法的熏陶，因而形成了中西兼通的治史风格，属于这一类型的学者有王桐龄、何炳松、陆懋德、张荫麟、雷海宗、齐思和、周一良、陈恭禄、蒋廷黻等。此外，还有一些学者自始至终没有走出国门，但是他们或直接译介西方书籍，或从译介过来的西方书籍获取了充足的知识营养，他们在中国史、外国史领域均取得了重要的成就，也形成了中西兼通的治史风格，这些学者主要有李泰棻、周谷城、金兆梓等。中西兼通作为一个群体研究对象，具有重要意义。对中西兼通史家群体中代表人物作充分的个案研究，亦不失为重要研究课题。齐思和作为中西兼通重要代表人物，他的史学风格不仅仅是中西兼通，还表现在古今兼通，历史与史学的兼通，历史考证与历史解释的兼通，史学研究与文献整理的兼通，形成了独具特色的会通的史学风格。

　　无论是作为一个史家群体，抑或是齐思和个人，中西兼通史学风格的出现，都有其特殊的时代原因与个人际遇。就齐思和而言，能够铸就会通的史学风格，离不开那个特殊的时代，也与其个人独特经历密不可分。

　　首先，时代背景因素。

　　出生于晚清，成长于民初，当时中国社会正经历前所未有的变革，向西方学习、寻求救国之道，一直是众多士人心声。此时，传统与现代，旧思想与新观点，经历了裂变的过程，尤其是新文化运动和五四运动之后，对传统文化的批判与否定，使新思想、新理论的输入更为畅通，人们亦更易于接受。对普通大众影响极为深远的就是教育系统的改革，1905 年清廷废除科举制，兴办学堂教育。学校教育如雨后春笋，在全国范围内逐渐兴起，就学校的教学内容较之传统私塾教育、书院教育内容焕然一新，关于外国的知识、外国的历史，都逐渐列入必修课程①，这都使成长在这一代的青年学子的知识视野大为开阔。此外，出国留学的机会较之前更多，官费留学、庚子赔款资助、教会大学与国外合作资助、自费留学等渠道的出现，使出国留学的途径更为广泛，并且此时出国留学更多是有目的地出去，不似晚清出国留学学习大多集中在军事、技术等层面，此时的出国留学大潮中，有不少人着眼于学习国外的最新知识，这批留学生归国后，确实对中国现代学术体制的建立，起到了重要作用。如李济、梁思永对中国现代考古学的建立，胡适对新的史学方法的建树，傅斯年对中国新学术机构的建设，都代表了新一代留学生对中国学术发展的贡献。齐思和生于斯、长于斯，难免受时代潮流影响，他的个人经历也深深打上了时代烙印。

其次，齐思和个人独特经历。

齐思和出生在一个士绅家庭，父亲齐国梁是著名的教育家，曾留学日本、美国，对子女的教育培养极为重视，家庭环境的相对优越，对其个人成长成才极为有利，"由于有这样的家庭环境，齐思和先生从小学直到研究生，入的都是当时的名校，受业者亦是名师"②。齐思和小学就读于天津私立第一小学，英语、国文、数学等主要课程均成绩优良，在五年级时曾圈点《纲鉴易知录》，并以优异的成绩考入南开中学。南开中学当时实行全英文教育，除了国文课，数理化等课本全是英文版，齐思和打下了良好的英文基础。在南开中学与南开大学一年级时，又深得范文澜的调教，奠定了扎实的史学根基与经学基础。在燕京大学，师从顾颉刚、洪业、王桐龄、张星烺、张尔田、邓之诚等名师。此外，在燕京大学，还有一批外国籍的教师，不少课程和教材都是全英文的，燕京大学中西并重的文化教育的滋养，使齐思和受益良多。

---

① 邓云登编：《中国近代教育史》，华东师范大学出版社 1984 年版，第 160 页。

② 齐文颖：《勤奋　创新　爱国——纪念先父齐思和先生百年诞辰》，《燕京学报》新第 26 期，北京大学出版社 2009 年版，第 317 页。

在求学过程中，燕京大学中西文化并重的教育培养方针，对齐思和中西兼通的治学风格的形成，起到了很大作用，值得重点分析。晚清民初之际，西学不断传入中国，中西文化的碰撞、交流，深深影响了中国学术界，引起学界对中西文化关系的思考，以胡适为代表的一派学者，主张"全盘西化"，用西方文化来代替中国传统文化；以何炳松、陶希圣等为代表的一派，主张"中国本位的文化建设"①；作为当时国内教会大学的领头羊，燕京大学校长司徒雷登一贯坚持中西文化兼收并蓄的教育方针，他曾说道："燕京的目的，在将中西学识，熔为一炉，各采其长，以求多获益处。因此参用西学，乃使学生获得广阔之训练，而为将来进取之准备。同时，对于国际情形，既能洞悉无疑，则爱国热忱，自不难油然而生。吾人所同心企望者，固在本校如何始能对中国有所贡献，而欲求对中国有贡献，则必须训练一般人材，对中西精彩，皆有相当了解，然后方能成竹在胸，应付自如。"②此外，燕京大学教务长、历史系主任洪业，作为留学美国归国的学者，也主张中西兼收、中西并重的教育理念，在历史系的课程教学与科研方向上，中、西史学均得到同等重视，尤其重视吸收借鉴西方的治史方法与治学理念。除此之外，燕京大学还重视语言修养，尤其是对学生的英文要求极高，并开设法语、德语、日语等选修课，这些都为学生开展中外交流、中外史学研究创造了必要条件。齐思和中西兼通治学风格的形成，与其在燕京大学整体氛围的熏陶以及知识、方法层面的训练密不可分。

1931年，齐思和留学美国哈佛大学，使他有机会近距离接触当时世界一流学者，在哈佛，他师从施莱辛格、莫里森、阿伯特等名家，不仅得到知识层面的提高，而且在史学研究能力方面得到训练，开阔了学术视野，为日后历史研究过程中，中西比较方法的娴熟运用、中西兼通治学风格的逐渐形成，奠定了坚实的基础。

新中国成立后，齐思和的治学重点与研究方向发生了转移。

首先，从研究的领域来说，中华人民共和国成立前齐思和的研究重心中西并重，以中国史为主，侧重先秦史研究，中华人民共和国成立后则以世界史为主，尤其以世界古代史为重点。在齐思和发表的所有学术成果

---

① 何炳松、陶希圣等：《中国本位文化建设宣言》，《新社会科学》1935年第1卷第4期。
② ［美］司徒雷登：《燕京大学中西一治》，《燕京新闻》第2期第6卷，1935年9月24日。

中，中华人民共和国成立前发表的中国史领域的研究成果有60余篇，世界史领域的仅有10余篇，可见，齐思和此时的治史趋向重点是在中国史领域；新中国成立后，齐思和发表的学术成果中，中国史领域的论文仅有数篇，世界史领域有30余篇，并且编纂了不少世界史方面的教科书和资料，充分说明其治史重心与研究重点的嬗变。研究领域的变化，主要原因在于教学实际的需要。新中国成立前，齐思和担任燕京大学文学院院长，兼任历史系主任、《燕京学报》主编，可以说在当时学术界具有不小的影响力。1952年四校合并后，燕京大学历史系并入北京大学历史系。当时，百废待兴，世界史学科建设提到日程，而那时国内对世界史有比较深入研究的学者也是有限的，齐思和是哈佛博士，当时攻读美国史专业，中华人民共和国成立前还开设过世界史方面的课程，加之外文娴熟，学术视野开阔。为此组织上安排担任北京大学历史系世界中世纪史教研室主任，主攻世界古代中世纪方向。①

其次，从学术成果的类型或层次上来说，中华人民共和国成立前是研究成果居多，中华人民共和国成立后则资料编辑居多。从1927年发表第一篇学术论文算起，至1949年新中国成立，齐思和一共发表了90余篇论著，其中除了少部分是讲义外，大多是学术论文或学术评论。新中国成立后，为了促进新中国的学术建设，齐思和把大量的精力投入到资料、教科书的编纂方面。新中国成立后，齐思和先后编纂了《中国近代史资料丛刊》中的《鸦片战争》和《第二次鸦片战争》，标点《资治通鉴》（战国及初唐部分），编著《世界中世纪史讲义》，编纂《世界通史》（周一良、吴于廑主编）中的世界上古史部分，参编《中外历史年表》《外国历史小丛书》，主编《黄爵滋奏疏、许乃济奏议合刊》，翻译鲁滨孙《新史学》，主编《世界历史资料丛刊》中的《中世纪初期的西欧》和《中世纪晚期的西欧》，主编《筹办夷务始末》（第1—6册），主编《西藏地方历史资料选编》（清初部分），等等。这些资料编辑工作，为相关学科的发展奠定了重要的基础。

最后，对唯物史观态度的转变——由部分接受到逐步服膺，从中西兼通的史学家到马克思主义史家。作为中西兼通的史学家，在新中国成立

---

① 齐文颖：《勤奋　创新　爱国——纪念先父齐思和先生百年诞辰》，《燕京学报》新第26期，北京大学出版社2009年版，第317页。

前，齐思和虽然曾涉猎唯物史观，但并未完全服膺，只是对唯物史观的部分观点比较赞同，更谈不上将之作为历史研究的唯一指导。在 1936 年编写的《史学概论讲义》中，他写道："马克思更以经济之变迁，解释一切历史实事迹，以生产技术之变迁，为社会演变之根本原因。是非惟为经济思想中一大革命，亦历史哲学中之一大革命。马氏所倡议之社会改造，史家虽不必尽赞成；其所提出之唯物史观，则史家已大致承认。马氏以后，经济史观，应用极广，经济社会史之探讨，成为风气。古今大思想家影响于历史之大，达尔文、黑格尔而外，盖未有过马氏者也。"① 可见，齐思和对于唯物史观中的社会形态学说部分，是主张"不必尽赞成的"，而对于经济基础决定上层建筑，生产力与生产关系的关系理论，他是比较赞同的。从他的一些学术研究中，我们似可看出一些端倪，譬如，齐思和治先秦史，注重从先秦经济史、农业史入手，次及先秦政治制度，再及思想文化领域，并且注重探讨先秦经济发展与政治制度、思想文化变迁之间的内在联系。譬如，在《战国制度考》一文中，齐思和对战过制度作了"较有系统之叙述，命曰战国制度考，为考七，先食货而后选举、职官"②。这是齐思和对唯物史观比较赞同的部分，他对唯物史观中社会形态学说，似乎颇有看法。如在《现代中国史学评论》一文中，齐思和批评了研究中国整个社会进展的"社会史派"或"社会学家"，认为这一流派"对于中国社会的进展先有一个固定的成见，然后再找些材料来证明他们的假设。往往先有一套史观，而后找材料……他们所提出的问题都很重要，可惜他们往往急于结论，他们的作品不免失于粗滥"③。他还批评这一学派对名词的使用，缺乏详尽的解释，"至于社会史家，专门对于中国社会史的'演变'、'矛盾'、'崩溃'发挥许多理论，或者某时期的中国社会是走到什么阶段"。"社会学家好用些生硬的名词，而不加以详细的解释，如氏族社会，封建社会，半封建社会都是社会史中常见的名词，氏族社会的特征是什么，封建社会的特征是什么，半封建社会的特征是什么？皆有详细解释的必要。"④ 可见，在新中国成立前，齐思和对于唯物史观，是

---

① 齐思和：《史学概论讲义》，天津古籍出版社 2007 年版，第 55 页。

② 齐思和：《战国制度考》，《燕京学报》1938 年第 24 期。

③ 齐思和：《现代中国史学评论》，《大中》1946 年第 1 卷第 1 期。

④ 同上。

持部分接受的态度。

新中国成立后，"中国大陆的史学学术版图上，马克思主义史学从边缘走向中心，无论何家何派，均很快统整于居主导地位的马克思主义史学中"①。学术界、思想界掀起学习马克思主义的热潮，史学界也加强了对唯物史观的学习，知识分子接受马克思主义思想改造，唯物史观成为历史研究的理论指导，在史学研究中成为主流。1949 年 7 月，新史学会筹备委员会成立，该会的成立旨在"学习并运用历史唯物主义的观点和方法，批判各种旧历史观，并养成史学工作者实事求是的作风，以从事新史学的建设工作。"② 在时代大潮的汹涌中，与众多旧时代走过来的史学家一样，齐思和也逐渐学习、服膺唯物史观，开启了他学术生涯的新起点。

二　齐思和的史学风格

（一）中西比较、中西互证

比较研究是历史研究中较为普遍的研究方法之一，齐思和十分重视比较的方法，他认为：比较研究是人文社会科学研究的常用方法之一，用比较研究的方法来研究历史、史学，由来已久，"在中国史学史上，比较研究有久远的历史。如司马迁、班固比较或《史记》《汉书》比较，以及'八书'与'二史'比较，新旧《唐书》比较，纪传体史书与编年体史书的比较等，这是关于史学的比较。又如唐朝史家所撰《隋书》以隋朝兴亡同秦朝兴亡的比较，《帝王略论》中的历代帝王功德之差异的比较等，这是关于历史的比较"③。比较的方法是诸多研究方法的一种，将比较研究运用于历史学领域，古已有之。中西比较的研究，是在中国近代以来才较多出现的。要进行中西比较研究，首要的前提是拥有扎实的中西知识背景，熟练的中西语言修养。"在 20 世纪前半期，一些学者在中西史学间许多问题的研究中均以比较研究的视角进行过有意义的尝试。"④ 齐思和具

① 张越：《新中国建立后十七年"中生代"史家群体与马克思主义史学》，《史学理论研究》2012 年第 2 期。

② 《中国新史学研究会暂行简章》，中国史学会秘书处编《中国史学会五十年》，海燕出版社 2004 年版，第 4 页。

③ 瞿林东：《试论中国史学史研究的新路向》，《天津社会科学》2012 年第 1 期。

④ 张越：《中西史学比较研究的回顾与检讨》，《史学通论与近现代中国史学研究》，北京师范大学出版社 2011 年版，第 49 页。

有深厚的中西史学素养，为他的中西史学比较研究提供了便利。

齐思和谙熟中国历史，又具有深厚的外国历史背景，为他在历史研究中大量运用中西比较创造了夯实的知识基础。在 20 世纪 40 年代，齐思和就倡导运用中西比较的方法，他说：

> 中国史与西洋史合一。在过去的中国史学界，西洋史与中国史向无关系，教中国史的不管西洋史，教西洋史的也不管中国史，是判若鸿沟的两门学问。试问教育自己不将两者熔铸为一，如何能让学生融会贯通？所以我们感觉中西二史应打成一片，最重要的是要用比较方法。譬如说，哥伦布发现新大陆的事迹是在一四九二年，人人都能说。但在中国历史上是何年呢？平常中国学生便不注意了。有人甚至说是在汉朝的，有的说是在唐朝的，而不知道是在明孝宗时，这就是不比较中西年代所生的过失。又如鸦片战争史中国近世史的开端，在中国史地位是非常重要，而普通的西洋史英国史课本上则很难发现，因为西洋人并不重视此事。但我们研究西洋史便应当说明一八三二年英国政治的改革，和中等阶级的工商业巨子获得政权对于鸦片战争的影响。所以我们研究西洋史，对于选择材料，应用中国人的眼光，不可完全循西人的成规，而且要用比较的方法。这样自然对中国文化特点可以明了、我们的口号是"以中国人的眼光来研究西洋史，以西洋的方法来整理中国史"。这样治史学，才能有新的收获。①

齐思和在此强调中西比较的重要性，提出研治中国史与研治世界史要结合起来，这种认识在中国史学史上是独特的，在 20 世纪三四十年代，尚未见有学者明确提出中国史与世界史结合起来研究，并在此过程中，重视中西比较方法的运用。若干年后齐思和再次强调了中西比较方法的重要性，他说："将古代史与近代史，中国史与外国史联系起来研究，进行比较，就能使我们发现特点，找出联系。"② 齐思和在史学研究中，中西比较的方法运用得十分广泛，通过中西比较所得出的研究结论，往往给人以

---

① 齐思和：《中国史学界的展望》，《大中》1946 年第 5 期。

② 齐思和：《谈谈怎样学习历史》，北京师范学院编《谈谈学习方法》，稿本（内部刊行），1980 年。

耳目一新的感觉。譬如，在论证"井田制"是否存在这个问题时，齐思和援引西欧、日本有关古籍的类似记载，与西周田制作了比较，他认为："此乃封建时代土地之通则，即所谓庄园制度也。徒以我国庄园制度废除甚早，其制已难详考，若夫西洋、日本此种制度之废除，不过百余年前事，史料俱在，斑斑可考。持此以与我国封建制度下之土地制度相较，盖亦相去不远。故孟子所谓助法，实即西洋史家之所谓方国制度，并无神秘可言。"①

再如，为了证明周族兴起于渭河流域，齐思和将早期文明的兴起放在世界范围内去比较研究，他写道："世界最早之文化，类皆发生于河流之冲积区。古埃及文化发生于尼罗河流域，西亚文化起于两河流域，印度文化起于恒河流域，其显例也。盖文明初启，农业幼稚，人类既不知施肥之法，又昧于深耕之术，民劳利薄，文化自难繁盛，惟有沿河流之地，土壤肥美，适于灌溉，物产丰饶，得天独厚。一人耕可食数人，余人可从事于其他方面之工作，文化进步自较他处为速也。是故最早文化大发生于河流之两岸，此乃历史之通例，中国亦非例外。"②

除了重视中西历史比较，齐思和还把比较的视角延伸至史学领域，他尝试中西史学比较，可以说齐思和是中国近现代史学史上最早进行中西史学比较的学者之一。早在 20 世纪 30 年代，齐思和在北平师范大学历史系编写的《史学概论讲义》中，对中西史书体裁作了梳理，其中不乏中西史学比较的例子，他说：

> 纪传、编年和纪事本末三体为吾国旧史学之三种重要体裁，各有短长，在昔要皆曾适庇一种理想之需要，今日吾人对于历史之要求，既与昔人大不相同，今后修史，自非改弦更张不可。纪传体重在表彰人物，叙事自非其所长，虽历代相沿，奉为正史，而自宋代以来，大史家如司马光、刘恕、吕祖谦之流，已纷纷远绍孔丘，近荀、袁为纪年之史。此盖风气既易，体裁不得不改也。编年体以时为经，以事为纬，语无重出，次第井然，就叙事言之，自较胜于纪传体。然一事恒隔越数卷，一年恒夹杂多事。头绪难乱，首尾难稽。故袁枢又病其分

---

① 齐思和：《孟子井田说辨》，《燕京学报》1948 年第 35 期。

② 齐思和：《西周地理考》，《燕京学报》1946 年第 30 期。

而合之以纪事本末，此亦史学进化之明证也。纪事本末之体，去吾人之理想不远，惜袁氏局于涑水之成规，所述限于政事，分目亦涉琐碎，未及熔铸贯通之能事。其后诸作者，一依袁氏程式，未能发挥光大，而分目别章，益为琐碎，世人至目之为史钞类书。

……

西洋之有正式史籍，始于希腊。希腊之史学，导源于荷马之诗歌，荷马之叙事诗《伊利亚特》与《奥德赛》，大抵皆系采集各诗而成，未必荷马一人所作。其诗叙述希腊与特洛伊战争，虽略具史实，大半本当时之传说与诗人之渲染。乃稗官传奇之类，固不得目之为历史。然史家亦以述故事之法，以散文叙述史事，遂使西洋史书之体，自最初即与中国不同。吾人试一考察希罗多德之《历史》，即知其书或志人物，或叙战役，或记话言，兼蓄并包，不拘一格，而将波希战争，为一有系统之叙述，就其体裁而言，实乃散文化的叙事诗，犹吾国之说部。其后大史家如修昔底斯、色诺芬，罗马之李维，皆以此种体裁著史，影响所被，记述体成为西洋正史之体裁。中古之世，编年史固亦盛行一时，然史家究不以之为史之正体。文艺复兴后，史学兴盛，记述体又盛，编年体遂衰，自是以后，记述体遂为西洋史学之正体，为编年史者甚鲜，即间有为之者，亦不见目为正式之史也。

西洋史体裁之优点，在其实兼纪年、传记、本末之长，而可伸缩自如，奇变无方，章实斋之所谓"圆而智"者，可以当之而无愧。叙事略依时代之先后，此编年之遗法也，然不为编年所拘。排列以事为主，此本末之遗义也，而博涉学术升沉，生计消长，无本末之拘滞也，且其体虽以叙事为主，然人与事实不可分。人物之描写，个性之分析，亦为西洋史体之重要部分，然无列传前后失次、事实重复之弊也。故其体实兼吾国旧史学三体之长，而无其弊。且可自由伸缩，不拘一格。故今日史学之内容，已与昔日大异，而西洋史裁，仍可庇用者，即以其有伸缩之能力也。①

以上，齐思和分析了中国古代史书体裁的主要类型，即纪传体、编年体、纪事本末体三种，分别指出三种体裁的优缺点以及发展流变过程，之

————

① 齐思和：《史学概论讲义》，天津古籍出版社 2007 年版，第 83—88 页。

后指出西方史学中记述体为主要体裁，并就记述体在西方史学史的发展流变过程做了分析论述。最后把西方的记述体与中国古代的纪传体、编年体、纪事本末体作横向的比较，分别指出它们的优缺点所在，尤其值得重视的是，齐思和认为西方史学的记述体具备伸缩自如、灵活多变的特点，兼具纪传体、编年体和纪事本末体三者的长处，这是记述体的优势所在。通过中西比较，中西史书体裁之长短优劣，日益清晰。从中西史学比较的视角，论述中国古代史书体裁与西方史书体裁的短长，齐思和是先行者之一。

　　中西比较的研究方法，是齐思和研究历史与史学所常用的方法，而且运用得比较纯熟，除了前文提到的例子之外，齐思和在研究相关历史问题时，都用到了中西比较的研究方法。如在《战国制度考》中谈到铸铁问题时，齐思和援引了古埃及、叙利亚、欧洲等地的铸铁出现的时间，并与之相比较①；在《五行说之起源》中对中国人与古罗马人计算数字的习惯作比较②；在《周代锡命礼考》中，把西周封建制度与西欧中世纪的封建制度做了横向的比较③。研究相关中西史学有关问题，齐思和也采用中西比较的方法，如在《略谈司马迁》一文中，齐思和把西方史学史上的著名史家像希罗多德、修昔底德等人与司马迁作比较，进而探讨司马迁在世界史学上的地位。④ 在《欧洲历史学的发展过程》一文中，齐思和从纵向比较角度，阐述了中国与欧洲史学发展的阶段性特点，其结论令人耳目一新。⑤

　　总之，齐思和将中西比较的研究方法，运用到具体的历史和史学研究中，显示出厚实的中西史学根基和精深的史学研究功力。一方面，齐思和拥有会通中西的知识结构，使中西比较成为可能；另一方面，齐思和运用比较的研究方法时，往往结合中西历史或史学问题，举出大量例子，以多个参照系与其所要论证的对象作对比，使其得出的结论更加扎实，结论可靠性大大增强。

　　①　齐思和：《战国制度考》，《燕京学报》1938 年第 24 期。
　　②　齐思和：《五行说之起源》，《师大月刊》1936 年第 22 期。
　　③　齐思和：《周代锡命礼考》，《燕京学报》1947 年第 32 期。
　　④　齐思和：《略谈司马迁》，《光明日报·史学版》1956 年 1 月。
　　⑤　齐思和：《欧洲历史学的发展过程》，《文史哲》1962 年第 3 期。

（二）古今比较、古今兼治

齐思和不仅善于运用中西比较的研究方法，还重视古今比较。

古今比较，古今兼治，不仅是齐思和研究中国史方面的一大特色，而且也是他研治世界史的一个特色。他在一篇文章中明确提出古今比较的重要性，他说："将古代史与近代史，中国史与外国史联系起来研究，进行比较，就能使我们发现特点，找出联系。"① 譬如，齐思和在分析西周势力不断向外扩张时，就运用了古今比较的方法，以证明周族占领新地往往以原有旧地来命名的做法。他说："盖古代地广人少，土地多无主权名称，犹今之公海。初民迁徙靡常，每至一地，其未经人占领，无故地名者，往往即以其旧居，名此新土。"② "周原在岐地，其后文王迁丰，武王迁镐，地皆名周，或曰宗周，此金文可见也。至成王营雒邑，亦以周名其地，直至春秋战国之世犹然也。"③ 为了进一步证明西周在势力扩张过程中"以旧居，名新土"，齐思和作了大量的古今比较，他以西周之前的商代的迁徙，西周之后春秋时代晋国、郑国的东迁，以及南北朝时期的侨置郡县为例，比较论证了"以旧居，名新土"在不同历史阶段的表现形式，他首先举商代不断迁都，而都城名称却不曾改变，他说："如古地以亳名者有八、九处之多。《孟子》曰'汤都亳'。……昔人称殷人迁都，前八后五，其地已难详考，此诸亳者，盖尝为殷都，或殷人曾居之地。"④ 接下来，他继续说道："如晋原都绛，地在今山西翼城县，至景公时，迁新田，仍名绛，地在今山西绛县。郑初封在陕西华县，至武公定桧之地，国仍称郑，或曰新郑，地在今河南新郑。其最显然者也。不惟初民如是也，后世亦多有其例，东晋、南北朝之侨置州郡，亦为显例。"⑤ 列举了中国古代史上的大量相关史实，通过纵向的前后对比，抑或是古今比较，齐思和的"以旧居，名新土"结论显得更有说服力。

除此之外，齐思和列举了世界历史上各民族扩张、迁徙中出现的"以旧居，名新土"情况，从中西历史比较的视域，来证明其观点。他说：

---

① 齐思和：《谈谈怎样学习历史》，北京师范学院编《谈谈学习方法》，稿本（内部刊行），1980年。

② 齐思和：《西周地理考》，《燕京学报》1946年第30期。

③ 同上。

④ 同上。

⑤ 同上。

"近世西人，发现新陆，殖民海外，往往即以本国旧地，名彼新土，其例多不胜举，尤足与古史相印证也。如十六七世纪，欧人发现新陆，向美洲移民，西班牙据中美、南美，号其为新西班牙，英人据北美中部东陲，则号其地为新英伦，法人据今之加拿大，号新法兰西，荷人据今纽约州，号新荷兰。"① 古今比较的熟练运用，离不开齐思和古今兼治的功力。在 20 世纪 40 年代，他在一篇文章中，纵观中国历史发展大势，指出史学界在中国古代史和中国近代史研究领域的不平衡性，显示出古今纵通的眼界与见识，他说：

> 断代史的研究要均衡发展。近年来，国人研究本国史的风气，是偏重于头尾与中段——上古，近世与元史研究的人最多。西洋人研究中国史的风气也是如是。上古史的研究当然是经学的一转，元史的研究自然是继承晚清的风气。而清史的研究自然又是因为时代的需要。至于其余的时期，甚至于最重要的时期，如秦汉，隋唐，明代却很少有人来研究。即对上古近世的研究，注意点也未免太偏。譬如关于上古史，过去学者们的精力大部分几乎都用在神话的讨论上边，而对于有史时期的经济、社会、政治学术制度的进展反却很少有人注意。其实这些神话本应当于神话学范围之内，历史家没有时间来讨论，同时也非历史家之所能讨论，因为讨论此等问题，须于盈千累万之他民族的神话，作比较之研究也。又如西塞斯赫克利斯皆属神话范围而非希腊范围，希腊史家无谈此问题者，若希腊史家舍希腊经济政治社会制度之进展不谈，专谈此问题者，岂非笑话？而现今中国上古史研究竟有此畸形的发展！有人甚至以为这是中国古史唯一的问题，整个的古史不过是猜谜工作，量非奇怪？
>
> ……
>
> 中国古代社会变化最激烈的时期是春秋战国，而新制度形成于秦汉，中古时期变化最剧烈的时期是魏晋南北朝，而新制度形成于隋唐。宋元又是一个社会变化最剧烈的时期，此后中国遂踏进了近代。②

① 齐思和：《西周地理考》，《燕京学报》1946 年第 30 期。
② 齐思和：《中国史学界的展望》，《大中》1946 年第 5 期。

　　能够对中国史学界的研究现状有精确的把握，体现了齐思和宏观的治学视野。从先秦到近代，大跨度的治学路径，铸就了他古今兼治的治学风格。齐思和从事历史研究 50 年，投身历史教育 40 年，"所授课程包括中国史古代诸段、世界史从古至今诸段兼及英美国别史、史学史、思想史等不下十多门"①。尤其是在中国研究领域，齐思和精于先秦史研究，尤其是对西周史、春秋史、战国制度史、先秦农史、先秦思想文化史均有研究，有不少重要的研究成果问世。在研究古代史之外，齐思和还把学术视野延伸到近代，他对魏源的研究，被认为属于里程碑式的贡献。他研究鸦片战争，运用大量外国史料，拓展了鸦片战争研究的史料基础，开阔了鸦片战争研究的视野。他的《近百年来中国史学的发展》一文，纵向梳理了从清初至新中国成立前近 300 年来中国史学发展的脉络，展现出深厚的史学功底。在 20 世纪中国史坛，能够古今兼治、古今兼通的学者，是不多的。从先秦史到中国近代史，齐思和古今兼治的治学特色，是他会通史学风格的重要组成部分。

　　（三）学术研究与文献整理

　　齐思和不仅在学术研究领域取得了丰硕的成果，在历史文献资料的整理方面，也有举世瞩目的贡献。

　　齐思和在中国史、世界史、史学理论与史学史领域取得了突出的成就。在中国史研究领域，齐思和著有《中国史探研》，此书收录了齐思和发表的中国史研究方面的主要成果，具体而言主要以先秦史为主，加上少量近代史成果。在世界史方面，齐思和编著了新中国成立后第一部自编的《世界中世纪史讲义》，填补了世界中世纪史教学的空白。在新中国成立前，齐思和是第一个开设世界现代史课程的学者，他还编写出版过较早的《世界现代史提纲与文件》的讲义。他是在中国较早开设"美国史"课程的中国学者，还编写有《美国史讲义》。他还参与了新中国成立后第一部集体编写的《世界通史》，负责上古部分。在史学理论及史学史领域，齐思和在 1936 年编写了融中外史学于一体②、别具特色的《史学概论讲义》，他还就中西史学史分期及特点、史学史研究的范围、中国近代史学

　　①　戚国淦：《历史学家齐思和》，《文献》1991 年第 3 期。

　　②　参见黄安年《融中外一体的课程新体系——读〈齐思和史学概论讲义〉》，《云梦学刊》2007 年第 4 期。又见《史学理论与史学史学刊》2007 年卷，社会科学文献出版社 2007 年版。

的发展等重要问题，作出过重要的研究。

在学术研究方面取得突出成就的同时，齐思和还积极参与历史文献史料的编纂、翻译工作。在中国史文献资料的整理方面，齐思和主编了《中国近代史资料丛刊》中的《鸦片战争》和《第二次鸦片战争》部分，为中国近代史学科的建设，作出了贡献。他还主编或主持整理了《黄爵滋奏疏、许乃济奏议合刊》《夷氛纪闻》《筹办夷务始末》《西藏地方历史资料选编》（清初部分），标点《资治通鉴》，等等。在世界史文献资料的编纂、翻译方面，齐思和主编了《世界史资料丛刊》中的《中世纪初期的西欧》和《中世纪晚期的西欧》，他还参与编写《中外历史年表》，任副主编。参与吴晗主编的《外国历史小丛书》，任副总编辑。主持翻译鲁滨逊的《新史学》。齐思和在世界史文献整理与资料翻译方面的成就，有力推动了世界史研究的进步与世界史学科建设。

作为 20 世纪中国著名的史家，齐思和能够做到学术研究与文献整理的兼通，并且在学术研究方面是中西兼通，在文献整理方面也是中西兼通，这种现象在中国近代史学上是少有的。学术研究与文献整理的兼通，说明齐思和不仅具有深邃的学术功底，而且具有甘为人梯、泽被后学的学者风范。

（四）历史考证与历史解释

齐思和的会通史学风格，突出表现在具备深厚的历史考证功力的同时，他还重视历史解释，重视宏观性历史问题的思考，形成了历史解释与历史考证并重的治学特色。20 世纪三四十年代，新历史考证学风靡一时，胡适、傅斯年、顾颉刚、陈垣、陈寅恪等学者，执学界之牛耳，引领学术研究的潮流，形成了与马克思主义史学并驾齐驱的史学思潮。齐思和在燕京大学历史系读书时，曾师从顾颉刚，受顾氏影响较大，当时偏重研治先秦史，注重历史考证的训练，打下了坚实的历史考证功底。

齐思和的历史考证注重吸收新理论、新方法，除了比较的方法之外，他还注重计量的史学研究方法。"讲求史学方法，重视史学方法论。"[1] 是 20 世纪中国史学进步的一个重要表现。计量的研究方法，是 20 世纪新兴的史学方法之一，用计量的方法来研究历史，日益受到学界的重视。当代

---

[1] 张越：《20 世纪中国史学方法的发展和演变》，《史学史通论与近现代中国史学研究》，北京师范大学出版社 2011 年版，第 190 页。

西方著名史学家巴勒克拉夫认为："量度和计量化在过去一二十年内实际上已经对历史学研究的各个领域产生了影响。""就方法论而言，当代史学的突出特征可以毫不夸张地说是所谓的'计量革命'。"① 计量的史学方法，一般是指采用数学的方法和统计学的方法来从事历史研究的总称，它侧重定量分析，而非传统的定性分析。计量的史学方法，"本世纪上半叶至 50 年代始于法国和美国，继而扩展到西欧、苏联、日本、拉美等国家。特别是 60 年代以后，电子计算机的广泛应用，极大地推动了历史学研究中的计量化进程"②。

　　齐思和在出国留学之前，打下了深厚的国学根底。"他谙熟乾嘉考据学，戴、段、钱、王，道来历历如数家珍，所以治古史有深厚的功底，但他又受过西方史学方法的训练，并有欧洲史的知识，能借之作宏观的理论思考，这使他的古典研究形成自己的特点。"③ 20 世纪 30 年代，齐思和留学美国时，正值计量的史学研究方法兴起之时，作为在国外留学的青年才俊，齐思和显然受到了当时计量史学方法的影响。有学者认为齐思和在当时受计量史学方法的影响，"是时计量史学的理论体系尚未完备，研究方法仍显粗陋。反映到齐思和的论著中，便是他仅仅用了一些简单的表格、或是列举的方法来说明问题，并没有出现难度较高的数理统计方法。……从历史资料的搜集与分类，到资料的统计、分析，其方法实际上就是现代意义上计量史学方法的初级形式——'描述性统计'的方法，也可称之为'列举、统计的方法'。虽然这种方法远没有今天的'计量史学'那么系统、严密，但在当时仍然是十分新颖的"④。需要说明的是，笔者并不苟同"计量史学"的说法，计量的方法是研究历史的方法之一，与比较的方法、口述的方法一样，均属历史研究的方法论范畴，而非"史学"种类之范畴。因此，认为齐思和运用计量的史学方法不成熟，不合乎"计量史学"的理论高度，就把齐思和运用计量的研究过程说成是"描述

---

① ［英］巴勒克拉夫：《当代史学的主要趋势》，杨豫译，上海译文出版社 1987 年版，第131 页。

② ［英］罗德里克·弗拉德：《计量史学方法导论》前言，王小宽译，上海译文出版社 1991年版。

③ 马克垚：《学贯古今，史通中外——略论齐思和先生的史学》，《世界历史》1995 年第2 期。

④ 张光华：《齐思和治史方法简论》，《邯郸学院学报》2007 年第 1 期。

性统计"方法，大可不必。要之，齐思和在历史研究中大量运用列举、统计方面的方法，就是计量的史学研究方法。

齐思和运用计量的史学研究方法，突出反映在中国上古史研究中。譬如，齐思和在《〈毛诗〉谷名考》一文中，为了考证中国古代的谷物种类，他把《诗经》中所见的所有谷名及其出现的次数，全部加以罗列统计，发现《诗经》中出现的农作物名称共有 15 种，其中出现次数最多的是"黍，19 次；稷，18 次；麦，9 次；禾，7 次；麻，7 次"①。最后根据这些谷物在《诗经》中出现次数的多寡，进而判断哪些谷物是当时人们的主要农作物。又如，齐思和曾作《西周地理考》一文，旨在驳斥钱穆的"周族起源于汾水流域"的论调②，进而证明周族起源于渭水流域。齐思和对《诗经》周初部分的诗歌加以分析，对诗歌中渭水及其支流的次数加以统计，得出初步结论："周初诗中，渭水凡四见，足见渭水对于周初人关系之密切。其他河流见于周初之诗者，亦多为渭水之支流。其最重要者曰泾，凡三见；曰沮、漆，凡三见；曰洛，凡三见，《小雅·瞻彼洛矣》之诗是也；曰丰水，凡三见；曰镐，镐京即以镐水而得名也；曰洽，凡一见。"以上"是周初人最常提及之水为渭水及其支流，此外水名之见《诗经》者，如江、汉、淮、河、汝、汶、汾、洧、济、淇等水，率皆时代较后，或为侯国之诗，则周人之为渭水民族，可无疑义"③。在《中国史探研》中，齐思和运用计量的史学方法，来研究具体的历史问题，比比皆是，这说明齐思和在史学研究中是有意识地运用计量的史学方法，而不是偶然为之。把肇事于西方的新方法，熟练运用于中国历史研究，反映了齐思和善于兼收并蓄、海纳百川的治学品格。

熟练运用计量、统计的方法，是齐思和深厚的考证功力的一个方面。齐思和的考证成果，有不少为考古发现所证明，如齐思和的《西周地理考》认为周族起源于渭水的观点④，得到考古发现的证明，新中国成立以来在陕西渭河流域发现了西周遗址和大量遗物，证明了周族的文化发祥地就是渭水流域⑤。齐思和的《〈战国策〉著作时代考》，对罗根泽的《战

---

① 齐思和：《中国史探研》，河北教育出版社 2000 年版，第 7 页。

② 钱穆：《周初地理考》，《燕京学报》1930 年第 10 期。

③ 齐思和：《西周地理考》，《燕京学报》1947 年第 32 期。

④ 同上。

⑤ 参见徐锡台《早周文化的特点及其渊源的探索》，《文物》1979 年第 10 期。

国策》是汉代人蒯通所作的观点①，提出了质疑，通过详细考证，齐思和认为《战国策》是战国时代流传下来的史学著作，不是西汉时期的文献②。这一观点为后来古史学界所普遍承认，并且得到考古发掘的佐证。1973年，长沙马王堆三号汉墓出土了大批帛书，其中一部分经过整理成为《战国纵横家书》，此书有十一章内容与《战国策》《史记》互见，文字大体相仿，是关于战国历史的重要文献，此书的出现，也从侧面证明了《〈战国策〉著作时代考》的基本观点，即《战国策》绝非汉代蒯通所作，而是战国时期的作品。

　　具备深厚考证功力同时，齐思和重视历史解释，尤其重视宏观历史问题的思考。③譬如，"齐思和对中国古史的看法有自己的体系"④，他认为战国时期，是中国历史上一个剧烈变动的时代。"学者于战国制度不肯措意，而此260年间政治社会嬗变之迹遂晦而不明，埋而不彰。"⑤ 在这里，齐思和是站在中国古代史发展大势的视角，来重新审视战国历史的重要性。又如，齐思和总结清代学术风气的变化，他指出清朝300年间，学术风气凡三变，由清代初期提倡实学，到乾嘉时期变为重视训诂考据，到了道光、咸丰时期，又变为重视经世致用。⑥ 短短数语，齐思和已经将清代近300年间的学术流变概括出来，彰显了其宏观的学术视角。再如，20世纪40年代，齐思和先后发表《现代中国史学评论》《中国史学界的展望》，指出了当时中国史学研究存在的问题，并就相关问题作了探讨。20世纪40年代末，齐思和的《近百年来中国史学的发展》，论述了从清初到20世纪40年代之间，中国史学发展的大势，尤其详细地梳理了中国近代史学的发展特点，主要学术思潮流派，不同阶段的史学成就。⑦ 20世纪

---

① 参见罗根泽《〈战国策〉作于蒯通考》，《古史辨》第4册，上海古籍出版社1982年版。

② 齐思和：《〈战国策〉著作时代考》，《燕京学报》1948年第34期。

③ 关于齐思和的历史解释与宏观思考，详见本书第五章第三节，"齐思和论中国近代史学发展趋势"，此处不再赘述。

④ 马克垚：《学贯中西，史通中外——略论齐思和先生的史学》，《世界历史》1995年第2期。

⑤ 齐思和：《战国制度考》，《燕京学报》1938年第24期。

⑥ 齐思和：《魏源与晚清学风》，《燕京学报》1950年第39期。

⑦ 齐思和：《近百年来中国史学的发展》，《燕京社会科学》1949年第2期。

60 年代，齐思和经过思考并分析了中国史学史的分期与特点①，此后不久又对西方史学史的分期和特点作了探讨②。这些高屋建瓴般的观点，或站在学术发展的制高点，或着眼于史学研究中的宏观问题。齐思和重视宏观问题的思考外，还重视历史解释，重视史学理论的探索，1936 年，齐思和在北平师范大学开设"史学概论"的课，编纂了《史学概论讲义》，对史学理论的重要问题作了探讨。

总之，齐思和在历史考证方面具有精深的功力，在历史考证中善于运用计量的研究方法。精于考证的同时，齐思和重视宏观问题与史学理论的探讨。既关注考证又重视历史学研究中宏观问题的思考以及史学理论问题的探索，这在中国近代史坛是独具特色的。

小　结

重比较而求会通，是齐思和的史学风格。他的比较的运用是多层次的，包括中西比较、古今比较、历史比较、史学比较。除了重视比较，齐思和还形成了会通古今中外、学术研究与文献整理、历史考证与历史解释等多维度、多层次的会通。在中国近现代史学上，能够在这几个方面都有创获，达到会通的学者是很少见的，齐思和能够达到如此高的治学境界，离不开 20 世纪那个特定的历史环境，离不开他自身的独特教育背景与勤奋努力。

---

①　齐思和：《齐思和在山东大学历史系作关于史学史的报告》，《文史哲》1962 年第 3 期。
②　齐思和：《欧洲历史学的发展过程》，《文史哲》1962 年第 3 期。

结　语

齐思和在中国近现代史学中的地位

　　20 世纪的中国学术，取径西法，趋新求变。20 世纪的中国史学，在新旧、中西的冲击中，呈现三大发展趋势："一是近代化和科学化逐步深入的趋势；二是社会化和大众化逐步扩大的趋势；三是逐步自觉面向世界趋势。"① 在历史的洪流中，出现了一批群星璀璨的史学家。中国近代史学史上，学者如林，如何评价定位某位史家的历史地位，就必须考量其史学成就、学术趋向，以见其学术史地位。

　　在中国近代学者群体中，名过其实者甚多，齐思和则属于名不及其实者。其声名甚微，学术专著亦不丰富，然其学术功底，实可跻身名家之列。齐思和史学成就的精华，集中在先秦史研究领域，大多已收入《中国史探研》一书。西周时代的研究成果，有《西周地理考》《封建制度与儒家思想》《西周时代之政治思想》《周代锡命礼考》等；战国时代的研究成果，有《战国制度考》《商鞅变法考》《战国宰相表》等；农史方面，有《毛诗谷名考》《孟子井田说辨》《牛耕之起源》《先秦农家学说考》。齐思和的先秦史研究成果，大多法度严谨，考证坚实，集中国传统历史考据学的功夫与西方现代学术规范于一体。有学者把治战国史名家杨宽与齐思和作比较，认为："（齐思和的）《战国制度考》近五万言，综括封建制度的崩解，新社会组织的兴起，以阐明战国时代在中国历史上的枢纽地位，亦为体大思精的杰作。以后杨宽专研战国史，用力更勤，成绩更多，但论精辟则较齐思和仍有不及。"②

　　20 世纪 50 年代起，为了新中国的史学建设，齐思和服从组织上的安排，把治学重心转向世界中世纪史，并编纂中国近代史资料，之后虽仍有

---

① 瞿林东：《20 世纪的中国史学》，《历史教学》2000 年第 3 期。
② 胡文辉：《现代学林点将录》，广东人民出版社 2010 年版，第 126 页。

《中国和拜占庭帝国的关系》《世界中世纪史讲义》《匈奴西迁及其在欧洲的活动》等佳作问世，但是研究世界史，限于原始史料等因素，能起筚路蓝缕之功，难收流传千古之效，以深就浅，较其早年的学术成果，远为逊色。由于语言隔阂、原始史料的积累等因素限制，西方学者治汉学有可能达一流，而中国学者治世界史却至多可臻二流。但齐思和是世界中世纪史学科的奠基者之一、是世界现代史研究的先行者，他对中国近代史资料的编纂，为中国近代史学科的建设也作出了重要的贡献。

　　除了先秦史研究的深厚功底，世界史领域的开拓地位，齐思和重比较而求会通的史学风格，在中国近现代史学上，也是卓然自立，特色鲜明。他的会通的史学风格，具有突出的特点：中西比较、中西兼通；古今比较、古今兼治；学术研究与文献整理并重；历史考证与历史解释的兼通；还有历史研究与史学研究的兼通。这种会通的史学风格，在同时代的学者群体中，也是少见的。齐思和善于中西比较，他曾以欧洲中世纪的封建制度解释西周分封制度，如拿西欧中世纪的庄园经济解释井田制度，以册封典礼解释锡命制度。同样作为中西兼通的大家，有学者曾把雷海宗与齐思和相提并论："同样凭借深厚的西洋史背景以治中国史，雷海宗能大刀阔斧，得其宏观，齐思和则能精耕细作，善作专题，为中西史学在现代的最高结晶之一。"①

　　齐思和具有全面的史学成就和独特的史学风格，那么他在中国近现代史学领域居于何种地位？齐思和生于晚清，成长于民国初年，成名于20世纪三四十年代。1929—1931年在燕京大学历史系读书期间，主编《史学年报》，发表《与顾颉刚师论易系辞传观象制造故事》《黄帝的制器故事》等论著，开始在学术界崭露头角。1931—1935年留学哈佛大学，主修美国史，辅修中世纪史、英国史、国际关系史、史学方法等课程，深得美国"新史学派"之精要。1935年从哈佛大学博士毕业，学成归国后进入北平师范大学，直至1952年燕京大学历史系并入北京大学历史系期间，尽管经历八年抗战，生活颠沛，齐思和用力甚勤，笔耕不辍，学术研究取得了不俗的成就，这段时间是齐思和著述的巅峰时期。在此期间，他先后担任燕京大学历史系主任、中国大学历史系主任、《燕京学报》主编、燕京大学文学院院长等职务，学术生涯达到一生的辉煌时期。

---

① 胡文辉：《现代学林点将录》，广东人民出版社2010年版，第126页。

我们再把齐思和的个人经历，放在中国学术史发展脉络来看，进一步分析齐思和在中国近现代史学中的地位。1902 年梁启超发表《新史学》①，吹响了变革旧史学的号角。1917 年胡适留学归国，讲"中国哲学史"于北京大学，用西方实证主义方法（杜威式的实证主义）研治中国哲学史，他所著的《中国哲学史大纲》，断自老子，大有"截断众流"之势。② 1923 年，顾颉刚提出"层累地造成的中国古史"之说。③ 按照齐思和自己的说法，20 世纪初期至 20 世纪 20 年代，中国史学发展处于"破坏时期"④。梁启超、胡适、顾颉刚诸位学者的史学功绩在于开学术研究之新风，引领史学发展之潮流。⑤ 到了 20 世纪 30 年代，留学欧美攻读史学的留学生回国增多，西方的新理论、新方法不断输入国内学界，中国史学在此时"由破坏时期进入建设时期"⑥。在中国史学的"破坏时期"，齐思和正处于求学阶段，以他当时的个人学术履历，自然不能与梁启超、胡适、顾颉刚同日而语。就中国史学的发展来说，齐思和没能赶上作"破坏者"，却恰逢"建设时期"，从这个角度来说，齐思和的史学功绩大都属于中国史学"建设者"。在 20 世纪三四十年代，中国史学处于"建设时期"。1935 年，齐思和携美国学习的新方法归国，具备精深的传统素养，又兼具厚实的西方学术背景，撰写了不少有重要学术价值与学术影响的文章，在史学界名声日盛。

如果说以梁启超、胡适、顾颉刚作为中国史学"破坏时期"的领军人物的话，那么，齐思和则属于中国史学"建设时期"的重要力量。⑦ 梁、胡、顾作为开风气之先的学者，培养了一大批有较高学术造诣的弟

---

① 梁启超：《新史学》，《饮冰室合集·文集之九》，中华书局 1989 年版。

② 胡适：《中国哲学史大纲》，东方出版社 1996 年版。

③ 顾颉刚：《与钱玄同论古史书》（原载《读书杂志》1923 年 6 月 10 日），顾颉刚《古史辨自序》，河北教育出版社 2000 年版。

④ 齐思和：《最近二年来之中古史学界》，《大公报·史地周刊》1936 年 5 月 1 日。

⑤ 需要说明的是，中国史学的破与立是辩证的两个方面，梁启超、胡适、顾颉刚的史学贡献不仅仅在于"破旧"，不仅仅限于引领学术发展趋向，开学术新风，他们在中国史学的"立新"或"建设"方面同样有重要的贡献。

⑥ 齐思和：《最近二年来之中古史学界》，《大公报·史地周刊》1936 年 5 月 1 日。

⑦ 胡文辉的《现代学林点将录》，选取了中国近现代学术史上 108 位著名的学者，覆盖了文史哲诸领域，在这张学者排行榜上，齐思和列第 25 位（该书的前 25 名中史学家共十余人），该书的排名虽然并不一定完全合理，但从侧面说明齐思和在中国近代学术史上的重要地位。

子，齐思和本人就曾是顾颉刚的弟子。齐思和的史学贡献在于，运用中西比较、严谨的考证方法，把史学研究向更深的层次推进。齐思和不少研究成果，都具有扎实的功底与谨严的方法，他在世界史研究领域的贡献，有不少是开拓性的。总之，作为一个会通式的史家，齐思和以"学贯中西，史通中外"闻名于世①，他的史学研究绽放着思想的火花，给人以深刻的启迪。

---

① 马克垚：《学贯中西，史通中外——略论齐思和先生的史学》，《世界历史》1995 年第 2 期。

附录一

齐思和学术年表[①]

1907年（清光绪三十三年丁未）　先生1岁。

5月7日，先生生于直隶宁津县宁津镇五胡同（现为山东宁津县），名思和，字致中。先生父齐国梁，号璧亭，是著名的女子教育家，先后留学日本、美国，曾任北洋女子学堂校长，创办河北省立女子师范学院。齐思和为齐国梁独子（齐国梁共有一子二女，两个女儿不幸先后夭折）。

1915年　先生8岁，就读直隶宁津县立小学，接受新式教育。

1916年　先生9岁，就读直隶宁津县立小学。

1917年　先生10岁，就读直隶宁津县立小学。

1918年　先生11岁，随父母移居天津，进入天津私立第一小学高小班就读，其间随贾荣绂学习古文，颇受启发。课余酷爱读书，常积攒零用钱用来买书，每遇喜爱的名篇，必反复背诵。

1919年　先生12岁，就读天津私立第一小学。

1920年　先生13岁，就读天津私立第一小学。

1921年　先生14岁，由天津私立第一小学考入天津南开中学，开始了6年的中学生涯。南开中学和南开大学都是由我国著名教育家张伯苓创办，实行严格的新式教育，特别注重英文教育，是当时的私立名校，有一批优秀的师资，齐思和在南开中学就打下了较为扎实的英文基础。中学期间偏爱文史，当时学术界最有影响的《清华学报》《燕京学报》《北大国学季刊》等学术刊物，齐思和都认真阅读。

[①] 此学谱主要参考了齐文心的《先父齐思和生平及著作简述》（《农业考古》2000年第3期）、齐文颖的《勤奋　创新　爱国——纪念齐思和先生百年诞辰》（《燕京学报》新第26期，北京大学出版社2009年版）、顾潮的《顾颉刚年谱》（中国社会科学出版社1993年版）、杨树达的《积微翁回忆录》（上海古籍出版社2007年版）、《顾颉刚日记》《邓之诚日记》等。

当时范文澜在南开大学教授经史、文学等课程，同时在南开中学教授国文。齐思和在南开中学和南开大学期间，曾师从范文澜先生，深受启迪，打下了良好的史学功底与经学基础。齐思和一生在学术上颇受范文澜的影响，如在古史分期问题上，他追随范文澜，坚持西周封建说。

1922 年　先生 15 岁，就读天津南开中学。

1923 年　先生 16 岁，就读天津南开中学。

1924 年　先生 17 岁，就读天津南开中学。

1925 年　先生 18 岁，就读天津南开中学。

1926 年　先生 19 岁，就读天津南开中学。

1927 年　先生 20 岁，考入天津南开大学。

秋，齐思和从南开中学毕业，因成就优异，被保送至南开大学文科，主修历史。

同年，齐思和大学一年级，在《南开学报》第 41 期上发表《魏弁年代学术考》。这是齐思和的第一篇学术论文，在这篇文章里，齐思和对魏弁的生卒年代进行了学术考察。

1928 年　先生 21 岁，考入北平燕京大学。

4 月，齐思和与衡水王秀华女士结婚。

同年夏，受范文澜等鼓励，适逢燕京大学招收插班生，齐思和考入燕京大学历史系二年级，主攻中国古代史，兼修西洋史及史学方法。燕京大学是美国人办的教会大学，积极引进西方先进的学科及教学方法，倡导国学，历史系聘请了国内一流的师资，如顾颉刚、洪业、邓之诚、王桐龄、陈垣、容庚、张尔田、张星烺等先后在此任教，此外还聘请了一些外国教授与专家授课。燕京大学拥有一流的图书馆，藏书丰富。齐思和在这里除主攻中国古代史外，在世界史、史学方法等方面受到全面系统的训练。

同年秋，齐思和加入燕京大学历史学会，出任历史学会的研究及学术股委员。

1929 年　先生 22 岁，就读燕京大学。

燕京大学历史系《史学年报》创刊，齐思和被推选为主编，并连选连任 3 年，直到他毕业为止。《史学年报》以刊登中国史文章为主，以其学术质量高而著称，是当时著名的学术刊物。

　　同年，齐思和在《史学年报》第 1 卷第 1 期上发表《史学年报》发刊词。

　　同年，齐思和在《史学年报》第 1 卷第 1 期上发表《儒服考》。

　　同年，在《史学年报》第 1 卷第 1 期上发表《先秦历史哲学管窥》，作者分析了先秦儒家、墨家、道家和法家的历史哲学，总结出各家的历史哲学的特点。同时指出历史哲学就是要把人类社会的历史作为一个整体上的研究，探求其因果关系，推测其发展规律，以期发现人类社会演化之法则。强调历史哲学在史学研究上的重要价值，认为历史哲学是研究史学的最高目的。

　　1930 年　先生 23 岁，就读燕京大学。

　　燕京大学历史系三年级。在《燕大月刊》第 7 卷第 1—2 期上发表《论史学之价值》。

　　同年在《国闻周报》1930 年第 7 卷第 8 期上发表译作《国际联盟十年来工作之鸟瞰》。

　　1931 年　先生 24 岁，从燕京大学被保送至哈佛大学。

　　在《史学年报》第 1 卷第 3 期上发表《与顾颉刚师论易系传观象制造故事》。

　　同年在《朝华月刊》第 2 卷第 3、4 期合刊上发表《最近二年来之中国史学界》。

　　同年在《朝华月刊》第 2 卷第 7、8 期合刊上发表《求是斋随笔》。

　　同年在《新闻周报》1931 年第 8 卷第 4 期上发表《评十九年出版各家史学新著》。

　　同年，以优异的成绩毕业于燕京大学文科，获史学学士学位和"金钥匙"奖。本科毕业论文《黄帝的制器故事》受到国内外学术界好评，英国学者李约瑟在其《中国科学技术史》一书中，充分肯定了齐思和在这方面的研究成果。

　　同年夏，获得哈佛燕京学社奖学金，作为燕大历史系第一名送往美国哈佛大学的攻读博士学位的学生。

　　同年秋，入哈佛大学历史系研究部。哈佛大学是美国最早建立的高等学校，为美国第一流的高等学府。20 世纪 30 年代的哈佛正值明星教授云集，当时任教美国史的正是著名的美国历史学家施莱辛格（1888—1965）、莫里森（1887—1976），英国史教授阿波特。为了利用这难得的机会获取更多的新知识，齐思和知难而进主修美国史，选修英国史、世界中世纪史、政治思想史、史学方法、国际关系史及西洋现代史等课程。根据哈佛大学规定，每个学生必须各门功课优秀，其中包括要通过法文、德文的考试，才能取得下个年度的奖学金。而且必须先获得硕士学位再攻取博士学位。齐思和经过刻苦努力的攻读，毕业时各门功课顺利通过而且取得优秀成绩。齐思和在美国留学时，曾与梅光迪交往。

1932 年　先生 25 岁，就读哈佛大学历史系。

哈佛大学硕士二年级。

1933 年　先生 26 岁，就读哈佛大学历史系。

7 月，获哈佛大学历史科文学硕士学位。

1934 年　先生 27 岁，就读哈佛大学历史系。

在《史学年报》第 2 卷第 1 期上发表《黄帝的制器故事》。

1935 年　先生 28 岁，哈佛大学历史系毕业，受聘北平师范大学历史系。

5 月，以优异成绩毕业，获哈佛大学历史科哲学博士学位，博士论文题目是《春秋时期的中国封建制度》，并获取优异毕业生的"金钥匙"奖。

同年秋，毕业后随即回国，受聘于北平师范大学历史系，在师大开设"史学概论"（2007 年天津古籍出版社出版了齐文颖整理的《史学概论讲义》），直至 1937 年抗日战争爆发。在师大任教之外，同时在燕京大学、北京大学、清华大学兼课，讲授的课程除"史学概论"以外，还有商周史、西洋现代史、美国史，后两门在国内都是新设课程。

同年，出版《西洋现代史纲要及文献汇编》。

同年，在《禹贡》第 4 卷第 10 期上发表《续〈禹贡雍州规制要指〉》。

同年，在《史学年报》第 2 卷第 2 期上发表《评马司帛洛〈中国上古史〉》。

同年，在《出版周刊》第 168 期、第 169 期上先后发表《研究现代国际问题之重要及其方法（上）》《研究现代国际问题之重要及其方法（下）》。

1936 年　先生 29 岁，任教于北平师范大学历史系。

同年，在《师大月刊》第 22 期上发表《五行说之起源》。

同年，5 月 1 日在《大公报·史地周刊》上发表《改造国史研究之途径与方法》。

同年，8 月 14 日在《大公报·史地周刊》上发表《吕思勉著〈史通评〉》。

同年，在《史学年报》第 2 卷第 3 期和第 4 期上先后发表《英国史书目举要》和《美国史书目举要》。

同年，在《独立评论》第 213 期上发表《两粤事变和中国统一》。

同年，在《大众知识》第 1 卷第 1 期上发表《国际联盟的将来》。

同年，在《大众知识》第 1 卷第 5 期上发表《民族与民族主义》。

1937 年　先生 30 岁，任教于北平师范大学历史系。

受北大聘请，准备于学期结束后到北京大学任教。不久卢沟桥事变爆发，北平师范大学前往内地，齐父齐璧亭率河北省立女子师范学院迁往陕西城固，齐思和的母亲因病行动不便，无人照料，齐思和遂留在北平，并拒绝了伪师大和伪北大的高薪"聘请"，决定回母校燕京大学任教。

同年，在《历史教育》第 1 期上发表《论研究美国史之重要》和《评斯汀生著〈远东之危机〉》。

同年，在《历史教育》第 2 期上发表《评维森著历史辅助科学论略》。

同年，在《禹贡》第 7 卷第 1—3 合期上发表《民族与种族》。

同年，在《燕京学报》第 22 期上发表《封建制度与儒家思想》。

同年，在《外交月报》第 8 卷第 17 期上发表《战后世界政治》。

同年，在《外交月报》第 10 卷第 6 期上发表《一九三四与一九三五两年间美国之国际关系》。

1938 年　先生 31 岁，任教于燕京大学。

2 月，正式被聘为燕京大学历史系副教授，在燕大历史系开设战国史、史学名著选读、西洋现代史等（齐世荣曾说，民国时期仅见齐思和在燕京大学开设世界现代史课程。见《武汉大学学报》1993 年第 5 期《努力建设世界现代史学科的新体系》），直至 1941 年太平洋战争爆发，燕京大学被迫关闭。

同年春，为晋察冀边区革命政府捐款用于购买药品，支持抗日。

同年，在《燕京学报》第 24 期上发表《战国制度考》。

同年，在《史学年报》第 2 卷第 5 期上发表《史学年报十年来的回顾》《战国宰相表》《楚终战国之世未置相考》《李克、李悝非一人辨》。

1939 年　先生 32 岁，任教于燕京大学。

9 月，任燕京大学历史系主任。

1940 年　先生 33 岁，任教于燕京大学。

出版《西洋现代史·提纲与文件》。

在燕京大学《经济学报》第 1 期上发表《先秦农家学说考》。

同年，在《燕京学报》第 26 期上发表《〈孙子兵法〉著作时代考》。

同年，在《燕京学报》第 28 期上发表《燕吴非周封国说》。

1941 年　先生 34 岁，任教于燕京大学。

在燕京大学晋升为教授。

同年，在北平涵雅堂书店出版《西洋史教学之基本问题》。

同年在《经济研究季报》第 1 卷第 1 期上发表《牛耕之起源》。

4 月 27 日，与洪业、邓之诚、萧正谊入北平城游广济寺，在砂锅居饭店聚餐。[①]

12 月，日本偷袭珍珠港，太平洋战争爆发，燕京大学被迫关门解散。齐思和再次拒绝伪"教授总署"的登记令，拒绝为日寇服务。

1942 年　先生 35 岁，任教中国大学，兼教天津工商学院。

2 月，齐思和全家被迫搬离燕园到内城居住，生活窘迫，面临失业。

3 月，应邀到私立中国大学（与日伪无关）讲授西洋史。

9 月，于私立中国大学政治系任教，讲授中国政治思想史、近世外交史及政治制度研究，此后成中国大学专任教授。但当时北平物价飞涨，齐思和一家八口难以为继。因此不得不兼职于私立天津工商学院，开设世界现代史、中国通史、现代政治制度史、中国国际贸易关系等课程。为此，齐思和每周奔波于平津之间，每周一、二、三在天津，每周四、五、六在北平。

1943 年　先生 36 岁，任教于中国大学兼教天津工商学院。

中国大学成立史学系，齐思和任系主任，当时还有孔繁霱、翁独健、徐宗元在此任教。齐思和除了讲授中国上古史外，还在政治系和工商学系兼课。因不负旅途劳顿之苦，齐思和辞去天津工商学院的教职。

同年，在中国大学政治系先后编写了《中国政治思想史讲义》《西洋

---

① 邓之诚著，邓瑞整理：《邓之诚文史札记》，凤凰出版社 2012 年版，第 117 页。

政治思想史讲义》。

同年，在《政治经济学报》第 1 期上发表《勇德在中国古代思想上之地位及其变迁》。

1944 年　先生 37 岁，任教于中国大学。

中国大学史学系主任。

1945 年　先生 38 岁，复入燕京大学执教。

8 月，抗战胜利。10 月，燕京大学复校，齐思和担任燕京大学历史系教授兼系主任，同时还兼任《燕京学报》编委会主任（直至 1951 年停刊），编委有陆志伟、高名凯、张东荪、聂崇岐、翁独健，容媛任秘书。

1946 年　先生 39 岁，任教燕京大学。

3 月 14 日，飞雪，齐思和拜访邓之诚，二人都伤风未愈，久谈。①

9 月 10 日中午，先生与邓之诚、聂崇岐、翁独健、高名凯、薛吟白、吴继文等人小酌。②

10 月 18 日，先生拜访邓之诚，谈到陈垣为文骂王鸣盛。先生请邓之诚写文章回应，后发表在《北方日报》。③

在《大中》第 1 卷第 1 期上发表《现代中国史学评论》。

同年，在《大中》第 1 卷第 3 期上发表《英苏外交论战述评》。

同年，在《大中》第 1 卷第 5 期上发表《中国史学界的展望》。

同年，在《大中》第 1 卷第 6 期上发表《论强权政治与强国的责任》。

同年，在《大中》第 1 卷第 7 期上发表《今后我国高等教育的改进问题》。

同年，在《燕京学报》第 30 期上发表《西周地理考》，反驳钱穆《周初地理考》中所提出的周族起源于汾水流域的说法，进一步论证了周族发祥于渭水流域，并论述了周初逐渐向东发展的过程及其地理条件。

1947 年　先生 40 岁，任教于燕京大学。

3 月 18 日，燕京大学召开会议，校长陆志韦宣布行政改组，由窦威廉任校务长，专为应付托事部，及审计本校裁员减政之事。陆留行政委员

---

① 邓之诚著，邓瑞整理：《邓之诚文史札记》，凤凰出版社 2012 年版，第 368 页。

② 同上书，第 393 页。

③ 同上书，第 395—396 页。

会主任名目，对付教部及其他方面，委员会即日停开。①

3月19日傍晚，先生拜访邓之诚，将昨日燕京大学会议告知邓之诚。②

4月8日，先生收到洪业的来信，信中说："今年不归，以燕校败坏至此，如归恐更不好处。唯盼予及史系同人坚忍云云。"③

4月16日，先生拜访邓之诚。

4月19日，先生拜访邓之诚。

11月1日，先生拜访邓之诚。

英国牛津大学请齐思和去做教授，齐觉得应该留在中国做贡献，婉言拒绝了这个邀请。

同年，在《燕京学报》第32期上发表《周代锡命礼考》《金玉黼著〈中国史学史〉》和《童书业著〈春秋史〉》。

同年，在《燕京学报》第33期上发表《商鞅变法考》。

同年，在《东方杂志》第43卷第10号上发表《论如何争取学术独立》。

同年，在《教育通讯》第4卷第6期上发表《英美争取学术独立的前例》。

同年，在《书报精华》第33期上发表《与魏德迈特使论调整中美关系》。

同年，在《学生生活月刊》第1期上发表《四强如何处分德国》。

同年，在《天文台》（沪版）第4期上发表《欧洲的没落与欧洲的危机》。

同年，在《现代文摘》第1卷第3期上发表《第一次战后和第二次战后》。

1948年　先生41岁，任教于燕京大学。

3月13日晨，邓之诚访先生，以崇彝丞所撰《道咸以来朝野杂记》一册示先生，托先生在天津《民国日报》投稿，冀得酬金，以舒崇彝丞

---

① 邓之诚著，邓瑞整理：《邓之诚文史札记》，凤凰出版社2012年版，第419页。

② 同上。

③ 同上书，第422页。

之困，久谈。①

3月26日，邓之诚以崇黻丞之《雅颂赓选》稿本8册交先生托卖。②

3月30日晚，邓之诚拜访先生，先生告诉邓，说燕京大学图书馆可收崇黻丞之《雅颂赓选》原稿，可给予适当报酬。③

5月26日，先生拜访邓之诚，久谈，提及窦威廉辞职，往协和任教，代之者为大毕范理。蔡一谔亦将离校，梅贻宝辞文学院院长，举先生代理文学院院长，邓之诚认为先生不宜放弃燕京大学史学系主任一职。④

9月5日，担任燕京大学文学院院长。

同年，哈佛大学聘请请齐思和为教授，并为他全家订了8张机票，被他婉言谢绝。

同年，在《燕京社会科学》第1卷上发表《西周时代之政治思想》。

同年，在《燕京学报》第34期上发表《〈战国策〉著作时代考》。

同年，在《燕京学报》第35期上发表《孟子井田说辨》。

同年，在世界出版协社出版《世界年鉴》。

1949年　先生42岁，任教于燕京大学。

2月3日，燕京大学学生约三百人入北平城，参加解放军入城欢迎仪式，以及抚慰宣传工作，一星期后始返校，先生与邓之诚、翁独健同行。⑤

3月2日，燕京大学正式上课，先生主持召开史学系师生全体会议。⑥

10月1日，新中国成立。先生随燕京大学师生入城，庆祝新中国之诞生，新政府之成立。

北平解放前夕，清华大学历史系的陈姓教授等人多次来找齐思和，希望齐能与其一起到台湾，并允诺让齐思和主持台湾大学历史系，齐屡次婉言谢绝。

同年，在《燕京社会科学》第2卷上发表《近百年来中国史学的发展》。

---

① 邓之诚著，邓瑞整理：《邓之诚文史札记》，凤凰出版社2012年版，第446页。

② 同上书，第447页。

③ 同上书，第447—448页。

④ 同上书，第453页。

⑤ 同上书，第485页

⑥ 同上书，第471页。

同年，在《燕京学报》第 36 期上发表《毛诗谷名考》。

1950 年　先生 43 岁，任教于燕京大学。

1 月 1 日，先生拜访邓之诚，告诉邓翁独健在公开场合说邓坏话。①

6 月 20 日，先生拜访邓之诚，告诉邓，将任命陈仲夫做邓的助理。②

7 月 12 日，先生拜访邓之诚，告诉邓，已商定周一良来燕京大学文学院史学系兼课，陈仲夫已通过专任助理，教中国近世史，其研究生资格暂休学一年。文学院蒋荫恩、侯仁之二人升教授，俞敏也得副教授。③

在《燕京学报》第 39 期上发表《魏源与晚清学风》。

1951 年　先生 44 岁，任教于燕京大学。

3 月 29 日，先生拜访邓之诚，久谈，告知邓，文学院计划留夏自强为史学系助教。④

5 月初，范文澜欲出城会见先生，先生未知虚实，暂时答应。翦伯赞向先生力荐陈述到燕京大学文学院任教授，先生坚持不许，只答应可来兼课。⑤

5 月 18 日，先生拜访邓之诚，等候许久，久谈。言：范文澜欲出城晤我，未知虚实，姑诺之。又言：翦伯赞力荐陈述，学校将以专任教授待之。予力持可兼，未知见听否，久谈始去，已十时半矣。⑥

6 月 15 日，上午，先生及燕京大学史学系教师为抗美援朝捐款。

晚，先生拜访邓之诚，告诉邓，下星期六王剑英进行硕士入学考试口试。⑦

9 月 30 日，由北京大学发起，北京高校知识分子开展"忠诚老实运动"的政治学习（整风运动）。

12 月 9 日，先生拜访邓之诚，特向邓辞行，明日下午去武汉。⑧

---

① 邓之诚著，邓瑞整理：《邓之诚文史札记》，凤凰出版社 2012 年版，第 498 页。

② 同上书，第 522 页。

③ 同上书，第 525 页。

④ 同上书，第 565—566 页。

⑤ 同上书，第 571 页。

⑥ 同上书，第 572 页。

⑦ 同上书，第 575 页。

⑧ 同上书，第 608 页。

12 月 10 日，先生乘火车赴武汉。①

12 月 22 日，教部开三校合并会议，校址以燕京大学校园为主，增建校室、宿舍。决定明年秋，北大文、理、法三科，清华文、理两科将合之燕京大学校址，共五千余人，改名北京大学，撤销燕京大学编制。

冬，迁往江西进贤县参加土改工作，接受贫下中农再教育。

同年，《燕京学报》停刊。

同年，在《大公报·史地周刊》5 月 11 日上发表《从伽图的"农业论"看罗马农业》。

同年，在《进步日报》11 月 3 日上发表《英国史里的鸦片战争》（《大公报》本年改为《进步日报》）。

1952 年　先生 45 岁。

春，从江西进贤县返回燕京大学，参加"三反"运动。

1 月 27 日，邓之诚 66 岁，燕京大学主要教师都来祝寿。先生去江西参加土地改革，接受贫下中农教育，未来。②

6 月 25 日，北京、清华两大学教师来燕京大学联欢，庆祝三校合并，三校共 41 人，翦伯赞、张芝联、邓之诚分别讲话。先生未得允许参会。③

10 月 4 日，全国高校院系调整，燕京大学正式并入北京大学，齐思和受聘为北京大学历史系教授，服从国家安排，讲授世界古代史。从此，齐思和的治学重心转向世界史领域。

同年秋，齐思和开始认真改造思想，入夜大学习马克思主义理论和毛主席著作，还跟随大学一年级学生一起上课学习俄语。

1953 年　先生 46 岁，任教于北京大学。

2 月 20 日下午，先生拜访邓之诚，久谈离去。④

6 月 27 日，在《光明日报》上发表《鸦片战争时期英国烟贩们是英国侵略中国的主谋》（后收入《中国史探研》）。

8 月 14 日傍晚，先生偕徐宗元拜访邓之诚，徐宗元把淘来的《滇语》给邓审阅。⑤

---

① 邓之诚著，邓瑞整理：《邓之诚文史札记》，凤凰出版社 2012 年版，第 608 页。

② 同上书，第 629 页。

③ 同上书，第 657 页。

④ 同上书，第 700 页。

⑤ 同上书，第 735 页。

12 月 28 日，顾颉刚、聂崇岐与先生拜访邓之诚，久谈。[1]

同年，根据教学计划，在北京大学历史系开设世界中世纪史，并着手编写一部以马列主义为指导的新的教材。

同年，应范文澜邀请，参加了《中国近代史料丛刊》的编纂工作，承担鸦片战争时期历史资料的编辑。

1954 年　先生 47 岁，任教于北京大学。

9 月 27 日晨，先生拜访邓之诚。[2]

同年，齐思和、林树惠、寿纪瑜合编的《鸦片战争》（系范文澜主编《中国近代资料丛刊》的一部分）在神州国光社出版（1955 年上海人民出版社再版）。此书编辑目的，是为学习和研究鸦片战争史的读者提供基本的史料，该书上起 19 世纪 30 年代，下迄 1842 年《南京条约》缔结。

1955 年　先生 48 岁，任教于北京大学。

4 月 18 日，邓之诚夫人病亡，先生前去凭吊。[3]

在《北京大学学报》（哲学社会科学版）第 1 期上发表《中国和拜占庭帝国的关系》。

1956 年　先生 49 岁，任教于北京大学。

参与标点《资治通鉴》，负责战国及初唐部分。

专著《中国和拜占庭帝国的关系》由上海人民出版社出版。

同年，在《文史哲》上发表《略谈司马迁》。

7 月 24 日，在《光明日报》上发表《两次鸦片战争时期亚洲各国人民的抗英斗争》（后收入《中国史探研》）。同年，在《历史教学》第 12 期上发表《埃及六千年史简述》。

1957 年　先生 50 岁，任教于北京大学。

2 月 4 日，先生拜访邓之诚，久谈离去。[4]

编著的《世界中世纪史讲义》由高等教育出版社出版，是中华人民共和国成立后第一部中国学者编著的相关著作。

同年，兼任北京大学历史系世界上古史教研室主任。

---

[1]　邓之诚著，邓瑞整理：《邓之诚文史札记》，凤凰出版社 2012 年版，第 770 页。

[2]　同上书，第 832 页。

[3]　同上书，第 867 页。

[4]　同上书，第 992 页。

同年，在《历史研究》第 3 期上发表《评公开土地制度》。

同年，在《历史研究》第 6 期上发表《评十三世纪英国土地制度研究》。

同年，在《历史教学》第 7 期上发表《西欧中世纪的庄园制度》。

同年，在《历史研究》第 11 期上发表《苏联历史学家对拜占庭历史研究的贡献》。

1958 年　先生 51 岁，任教于北京大学。

与耿淡如、寿纪瑜选译的《中世纪初期的西欧》在生活·读书·新知三联书店出版。

1959 年　先生 52 岁，任教于北京大学。

与翦伯赞、刘启戈、聂崇岐合编《中外历史年表》在生活·读书·新知三联书店出版。在编辑这部工具书时，翦伯赞任主编。

同年，先后整理《黄爵滋奏疏、许乃济奏议合刊》和梁廷枏著的《夷氛纪闻》。

同年，在《读书》第 24 期上发表《历史科学进展的丰碑——介绍〈世界通史〉第一卷》。

12 月，在《北大史学论丛》上发表《西方进步史学家关于英国资本主义萌芽问题的论战》。

1960 年　先生 53 岁，任教于北京大学。

因患糖尿病，北大校方照顾他赴青岛疗养院休养一年。

1961 年　先生 54 岁，任教于北京大学。

在《教学与研究》第 1 期上发表《介绍〈世界通史〉第二卷》。

4 月 4 日，在《文汇报》上发表《从世界史角度看土地国有制》。

5 月 11—28 日，在长春参加世界中古史教材讨论会。

1962 年　先生 55 岁，任教于北京大学。

与林幼琪合作选译的《中世纪晚期的西欧》在商务印书馆出版。

同年，周一良、吴于廑主编的《世界通史》出版，其中"上古部分"由齐思和负责编纂。

同年，应邀到山东大学历史系做《欧洲历史学的发展过程》和《中国史学思想的几个阶段》的报告。后经整理在《文史哲》第 3 期上发表。

1963 年　先生 56 岁，任教于北京大学。

1964 年　先生 57 岁，任教于北京大学。

整理《筹办夷务始末》，中华书局出版。

同年，参与吴晗主编的《外国历史小丛书》，商务印书馆出版。

同年，主持翻译鲁滨孙的《新史学》，商务印书馆出版。

3月，在《北京大学学报》（哲学社会科学版）第3期上发表《布克哈特〈意大利文艺复兴的文化〉批判》。

4月，在《历史教学》第4期上发表《上古时期中国与世界各国的文化交流》。

8月，在《历史教学》第8期上发表《中世纪西欧的集市与庙会》。

同年，在《新建设》第10—11期上发表《从英国封建庄园看欧洲庄园制度的特征》。

1965年　先生58岁，任教于北京大学。

1966年　先生59岁，任教于北京大学。

1967年　先生60岁，任教于北京大学。

1968年　先生61岁，任教于北京大学。

1969年　先生62岁，任教于北京大学。

1970年　先生63岁，任教于北京大学。

1971年　先生64岁，任教于北京大学。

1972年　先生65岁，任教于北京大学。

1973年　先生66岁，任教于北京大学。

1974年　先生67岁，任教于北京大学。

1975年　先生68岁，任教于北京大学。

1976年　先生69岁，任教于北京大学。

"文化大革命"期间，齐思和受到迫害，身心受到极大打击，健康状况日益恶化。

1977年　先生70岁，任教于北京大学。

在《历史研究》第3期上发表《匈奴西迁及其在欧洲的活动》。

同年，在《历史研究》第4期上发表《英国土地所有制行程过程》。

1978年　先生71岁，任教于北京大学。

1月5日，在《光明日报》史学专版上发表《我国古代的四大发明和对西方的影响》（后收入《中国史探研》）。

与寿纪瑜、单士魁、田汝康、金重远等合编的《第二次鸦片战争》，在上海人民出版社出版。《第二次鸦片战争》历史资料的编辑，始于1956

年，1962 年基本编成，中间因为"文化大革命"，一直没有定稿出版。

1979 年　先生 72 岁，任教于北京大学。

"文化大革命"期间，至"文化大革命"后，齐思和眼睛几乎失明，在家人的协助下，齐思和撰写了约有十万字的《世界中世纪民族大迁徙》的初稿，因身体积劳成疾，终未能最后完成。

1980 年　先生 73 岁，任教于北京大学。

2 月，因病医治无效于北京逝世。

在逝世前，还接待一名外地学子，就青年人如何治学问题作了长时间谈话。

齐思和著述目录编年

《魏弁年代学术考》,《南开》1927年第41期。

《儒服考》,《史学年报》1929年第1卷第1期。

《先秦历史哲学管窥》,《史学年报》1929年第1卷第1期。

《论史学之价值》,《燕大月刊》1930年第7卷第1—2期。

《国际联盟十年来工作之鸟瞰》,《国闻周报》1930年第7卷第8期。

《与顾颉刚师论易系辞传观象制造故事》,《史学年报》1931年第1卷第3期。

《最近二年来之中国史学界》,《朝花月刊》1931年第2卷第3、4期合刊。

《评十九年出版各家史学新著》,《新闻周报》1931年第8卷第4期。

《黄帝的制器故事》,《史学年报》1934年第2卷第1期。

《读〈禹贡雍州规制要指〉》,《禹贡》1935年第4卷第10期。

《求是斋随笔》,《朝花月刊》1931年第7、8期合刊。

《评马司帛洛〈中国上古史〉》,《史学年报》1935年第2卷第2期。

《美国史讲义》,北平师范大学历史系,1935年。

《西洋现代史纲要及文献汇编》(英文版),燕京大学历史系,1935年。

《研究现代国际问题之重要及其方法(上)》,《出版周刊》1935年第168期。

《研究现代国际问题之重要及其方法(下)》,《出版周刊》1935年第169期。

《民族与民族主义》,《大众知识》1936年第1卷第5期。

《论我国现今西洋史教学之失及改进应循之途径》,《大公报·史地周刊》第 69 期，1936 年 1 月 17 日。

《两粤事变和中国统一》，《独立评论》1936 年第 213 期。

《国际联盟的将来》，《大众知识》1936 年第 1 卷第 1 期。

《研究历史问题之方法》，《食货》1936 年第 4 卷第 3 期。

《改造国史研究之途径与方法》，《大公报·史地周刊》1936 年 5 月 1 日。

《吕思勉著〈史通评〉》，《大公报·史地周刊》1936 年 8 月 14 日。

《哈佛大学〈亚洲学报〉》，《大公报·史地周刊》1936 年 8 月 14 日。

《英国史书目举要》，《史学年报》1936 年第 2 卷第 3 期。

《五行说之起源》，《师大月刊》1936 年第 6 卷第 22 期。

《民族与种族》，《禹贡》1937 年第 7 卷第 1—3 合期。

《研究中国社会史应注意之点》，《大公报·史地周刊》第 69 期，1937 年 2 月 26 日。

《美国史书目举要》，《史学年报》1937 年第 2 卷第 4 期。

《论研究中（美）国史之重要》，《历史教育》1937 年第 1 期。

《评维森著〈历史辅助科学论略〉》，《历史教育》1937 年第 2 期。

《封建制度与儒家思想》，《燕京学报》1937 年第 22 期。

《评斯汀生著〈远东之危机〉》，《历史教育》1937 年第 1 期。

《战后世界政治》，《外交月报》1937 年第 8 卷第 17 期。

《一九三四与一九三五两年间美国之国际关系》，《外交月报》1937 年第 10 卷第 6 期。

《战国制度考》，《燕京学报》1938 年第 24 期。

《战国宰相表》，《史学年报》1938 年第 2 卷第 5 期。

《楚终战国之世未置相考》，《史学年报》1938 年第 2 卷第 5 期。

《李克、李悝非一人辨》，《史学年报》1938 年第 2 卷第 5 期。

《〈史学年报〉十年来的回顾》，《史学年报》1938 年第 2 卷第 5 期。

《甘云鹏著〈经学源流考〉》，《史学年报》1939 年第 3 卷第 1 期。

《先秦农家学说考》，《经济学报》1940 年第 1 期。

《孙子著兵法著作时代考》，《燕京学报》1940 年第 26 期。

《燕吴非周封国说》，《燕京学报》1940 年第 28 期。

《世界现代史提纲与文件》，燕京大学历史系，1940 年。

主编《世界年鉴》，世界知识协社，1941 年。

《西洋史教学之基本问题》，北平涵雅堂书店，1941 年。

《牛耕之起源》，《经济研究季报》1941 年第 1 卷第 1 期。

《〈明代经济史〉序》，《公教学生》1942 年第 2 卷第 4 期。

《中国政治思想史讲义》，中国大学政治经济系，1943 年。

《西洋政治思想史讲义》，中国大学政治经济系，1943 年。

《勇德在中国古代思想史上之地位及其变迁》，《政治经济学报》1943 年第 1 期。

《清代名人传记》（英文版），美国出版，1943—1949 年，参与撰写。

《春秋时代之政治思想》，《政治经济学报》1944 年第 2 期。

《郭沫若著〈十批判书〉》，《燕京学报》1946 年第 30 期。

《现代中国史学评论》，《大中》1946 年第 1 卷第 1 期。

《中国史学界的展望》，《大中》1946 年第 1 卷第 5 期。

《金玉黼著〈中国史学史〉》，《燕京学报》1946 年第 32 期。

《西周地理考》，《燕京学报》1946 年第 30 期。

《论强权政治与强国的责任》，《大中》1946 年第 1 卷第 6 期。

《英苏外交论战述评》，《大中》1946 年第 1 卷第 3 期。

《今后我国高等教育的改进问题》，《大中》1946 年第 1 卷第 7 期。

《论如何争取学术独立》，《东方杂志》1947 年第 43 卷第 10 号。

《英美争取学术独立的前例》，《教育通讯》1947 年第 4 卷第 6 期。

《与魏德迈特使论调整中美关系》，《书报精华》1947 年第 33 期。

《四强如何处分德国》，《学生生活月刊》1947 年第 1 期。

《欧洲的没落与欧洲的危机》，《天文台》1947 年沪版第 4 期。

《第一次战后和第二次战后》，《现代文摘》1947 年第 1 卷第 3 期。

《周代锡命礼考》，《燕京学报》1947 年第 32 期。

《商鞅变法考》，《燕京学报》1947 年第 33 期。

《童书业著〈春秋史〉》，《燕京学报》1947 年第 32 期。

《中西封建制度比较研究》（英文），1948 年燕京大学历史系。

《〈战国策〉著作时代考》，《燕京学报》1948 年第 34 期。

《孟子井田说辩》，《燕京学报》1948 年第 35 期。

《朱师辙著〈商君书解诂定本〉》，《燕京学报》1948 年第 34 期。

《西周时代之政治思想》，《燕京社会科学》1948 年第 1 卷。

《李世繁著〈颜李学派〉》,《燕京学报》1949 年第 36 期。

《毛诗谷名考》,《燕京学报》1949 年第 36 期。

《张一麐著〈心太平集〉》,《燕京学报》1949 年第 37 期。

《近百年来中国史学的发展》,《燕京社会科学》1949 年（英文版）第 2 卷。

《杨丙晨译〈汤若望传〉》,《燕京学报》1950 年第 38 期。

《魏源与晚清学风》,《燕京学报》1950 年第 39 期。

《〈战国策〉著者高绣事迹考》,《周叔弢先生六十生日纪念论文集》,1950 年。

《魏源与晚清学风》,《燕京学报》1950 年第 39 期。

《英国史里边的鸦片战争》,《进步日报》1951 年 11 月 3 日。

《从伽图的农业观看罗马农业》,《大公报》1951 年 11 月 3 日。

《少数民族对祖国的伟大贡献》,《历史教学》1953 年 7 月号。

《鸦片战争时期英国烟贩们是英国侵略中国的主谋》,《光明日报》1953 年 6 月 27 日。

《鸦片战争》（主编）第 1—6 册,《中国近代资料丛刊》,神州国光社 1954 年版（上海人民出版社 1955 年再版）。

《中国和拜占庭帝国的关系》,《北京大学学报》1955 年第 1 期。

《略谈司马迁》,《文史哲》,1956 年。

《中国和拜占庭帝国的关系》,上海人民出版社 1956 年版。

《资治通鉴》（标点）（战国及初唐部分）,中华书局 1956 年版。

《批判胡适派对于世界史的反动唯心观点》,《历史研究》1956 年第 6 期。

《埃及六千年史简述》,《历史教学》1956 年第 12 期。

《西欧中世纪的庄园制度》,《历史教学》1957 年第 7 期。

《评公开田地制度》,《历史研究》1957 年第 3 期。

《评十三世纪英国土地制度研究》,《历史研究》1957 年第 6 期。

《外国新书介绍》,《历史研究》1957 年第 8 期,与张芝联合作。

《世界中世纪史讲义》,高等教育出版社 1957 年版。

《苏联历史学家对于拜占庭〈历史研究〉的贡献》,《历史研究》1957 年第 11 期。

《中外历史年表》（参编）,生活·读书·新知三联书店 1958 年版

（中华书局 1962 年再版）（合编）。

《匈牙利哈玛塔教授关于〈阿提拉时期匈人社会〉的论文》《历史研究》1958 年第 1 期。

《历史科学进展的丰碑——介绍〈世界通史〉第一卷》，《读书》1959 年第 24 期。

主编《黄爵滋奏疏、许乃济奏议合刊》，中华书局 1959 年版。

《夷氛纪闻》，1959 年清梁廷枏著，齐思和整理。

《介绍"世界通史"第二卷》，《教学与研究》1961 年第 1 期。

《从世界史角度看土地国有制》，《文汇报》1961 年 4 月 4 日。

主编《中世纪初期的西欧》，《世界历史资料丛刊》，商务印书馆 1962 年版。

主编《中世纪晚期的西欧》，《世界历史资料丛刊》，商务印书馆 1962 年版。

《欧洲历史学的发展过程》，《文史哲》1962 年第 3 期。

《世纪产生的历史条件和它在世界史学上的地位》，《中国史学史资料》1962 年 3 月第 5 号。

《世界通史》（上古部分），人民出版社 1962 年版。

主编《筹办夷务始末》第 1—6 册，中华书局 1964 年版。

《上古时期中国与世界各国的文化交流》，《历史教学》1964 年 4 月号。

《英国土地所有制的形成过程》，《历史研究》1964 年第 4 期。

《布克哈特〈意大利文艺复兴的文化〉批判》，《北京大学学报》（哲学社会科学版）1964 年第 3 期。

《中世纪西欧的集市与庙会》，《历史教学》1964 年第 8 期。

《从英国庄园制看欧洲庄园制的特征》，《新建设》1964 年第 10—11 期合刊。

《两次鸦片战争时期亚洲各国人民的抗英斗争》，《光明日报》1965 年 7 月 24 日。

参编《外国历史小丛书》（副主编），商务印书馆 1964 年版。

翻译［美］鲁滨孙著《新史学》，商务印书馆 1964 年版。

《批判孔子的反动唯心史观》，《北京大学学报》（哲学社会科学版）1973 年第 4 期。

主编《西藏地方历史资料选编》（清初部分），生活·读书·新知三联书店 1973 年版。

《英国封建土地所有制形成过程》，《历史研究》1977 年第 4 期。

《匈奴西迁及其在欧洲的活动》，《历史研究》1977 年第 3 期。

《四大发明的西传和对欧洲的影响》，《光明日报》1978 年 10 月 5 日。

主编《第二次鸦片战争》第 1—6 册，《中国近代资料丛刊》，上海人民出版社 1978 年版。

《中国史探研》，中华书局 1981 年版。

《毛诗谷名考》，《农业考古》2000 年第 1 期。

《中国史探研》，河北教育出版社 2003 年版。

《史学概论讲义》，天津古籍出版社 2007 年版。

《齐思和自选集》，首都师范大学出版社 2010 年版。

主要参考文献

（一）经典著作

《马克思恩格斯选集》，人民出版社 1995 年版。

《毛泽东选集》，人民出版社 1991 年版。

（二）历史文献

《十三经注疏》，中华书局 1980 年版。

"二十四史"，中华书局点校本。

（三）近人与今人相关研究论著（按姓氏拼音排序）

白寿彝主编：《中国通史纲要》，上海人民出版社 1980 年版。

白寿彝主编：《史学概论》，宁夏人民出版社 1983 年版。

白寿彝总主编：《中国通史·导论卷》，上海人民出版社 1989 年版。

白寿彝：《中国史学史》第 1 册，上海人民出版社 1986 年版。

白寿彝：《白寿彝史学论集》（上、下），北京师范大学出版社 1994 年版。

白寿彝：《中国史学史论集》，中华书局 1999 年版。

白寿彝总主编，王桧林等主编：《中国通史·近代后编（1919—1949）》，上海人民出版社 1999 年版。

白寿彝主编：《中国史学史》，北京师范大学出版社 2004 年版。

白寿彝：《白寿彝文集》，河南大学出版社 2008 年版。

北平私立燕京大学编：《燕京大学本科课程课程一览》，布告第 21 号第 11 届，燕京大学刊行，1928 年。

北平私立燕京大学：《北平私立燕京大学一览（民国十九—二十年度）》，燕京大学刊行，1931 年。

北平私立燕京大学：《北平私立燕京大学研究院入学章程》，布告第

19 号第 20 届，燕京大学刊行，1935 年。

北平私立燕京大学编：《北平私立燕京大学文学院历史学系课程一览》，布告第 43 号第 20 届，燕京大学刊行，1935 年。

北平私立燕京大学：《北平私立燕京大学一览（民国二十六—二十七年度）》，燕京大学刊行，1937 年。

北平私立燕京大学编：《历史学系及研究部课程说明》，布告第 43 号第 26 届，燕京大学刊行，1941 年。

《北京师范大学校史》编写组：《北京师范大学校史：1902—1982》，北京师范大学出版社 1984 年版。

陈其泰：《中国近代史学的历程》，河南人民出版社 1994 年版。

陈其泰主编：《20 世纪中国历史考证学研究》，北京师范大学出版社 2004 年版。

［美］陈毓贤：《洪业传》，北京大学出版社 1996 年版。

陈远：《消逝的燕京》，重庆出版社 2011 年版。

陈建守：《燕京大学与现代中国史学发展 1919—1952》，台湾师范大学历史学系刊行，2009 年。

邓之诚：《邓之诚日记》，邓瑞整理，北京图书馆出版社 2007 年版。

杜维运：《中西古代史学比较》，台北东大图书公司 1988 年版。

董㵑：《私立燕京大学》，南京出版公司 1982 年版。

范达人：《当代比较史学》，北京大学出版社 1990 年版。

顾潮：《顾颉刚年谱》，中国社会科学出版社 1993 年版。

顾潮、顾洪：《顾颉刚评传》，百花洲文艺出版社 1995 年版。

顾颉刚等编著：《古史辨》（第 1—7 册），上海古籍出版社 1982 年版。

顾颉刚：《当代中国史学》，上海古籍出版社 2006 年版。

顾颉刚：《顾颉刚日记》，台湾联经出版事业公司 2007 年版。

桂遵义：《马克思主义史学在中国》，山东人民出版社 1992 年版。

郭沫若：《中国古代社会研究》，河北教育出版社 2000 年版。

侯仁之：《燕京大学人物志》，北京大学出版社 2001 年版。

何炳松：《何炳松文集》，商务印书馆 1997 年版。

何兆武：《中西文化交流史论》，中国青年出版社 2001 年版。

胡适：《胡适的日记》，中华书局 1985 年版。

胡适：《胡适来往书信集》，中华书局 2008 年版。

胡哲敷：《史学概论》，中华书局 1935 年版。

胡逢祥、张文建：《中国近代史学思潮与流派》，华东师范大学出版社 1991 年版。

侯云灏：《20 世纪中国史学思潮与变革》，北京师范大学出版社 2007 年版。

翦伯赞：《历史哲学教程》，河北教育出版社 2000 年版。

蒋俊：《中国史学近代化进程》，齐鲁书社 1995 年版。

蒋大椿主编：《史学探渊——中国近代史学理论文编》，吉林教育出版社 1990 年版。

金毓黻：《中国史学史》，河北教育出版社 2000 年版。

李守常：《史学要论》，商务印书馆 2000 年版。

吕振羽：《史前期中国社会研究》，河北教育出版社 2000 年版。

李泰棻：《史学研究法大纲》，武学书馆 1921 年版。

李孝迁：《西方史学在中国的传播（1882—1949）》，华东师范大学出版社 2007 年版。

李勇：《鲁滨逊新史学派研究》，安徽人民出版社 2004 年版。

梁启超：《中国历史研究法》，东方出版社 1996 年版。

梁启超：《饮冰室合集》，中华书局 1989 年版。

刘泽华主编：《近九十年史学理论要籍提要》，书目文献出版社 1991 年版。

刘剑横：《历史学 ABC》，世界书局 1933 年版。

刘馨：《何炳松史学研究》，知识产权出版社 2010 年版。

罗荣渠：《史学求索》，商务印书馆 2009 年版。

罗志田：《近代中国史学十论》，复旦大学出版社 2003 年版。

罗志田主编：《20 世纪的中国：学术与社会（史学卷）》，山东人民出版社 2001 年版。

罗志田：《裂变中的传承：20 世纪前期的中国学术与文化》，中华书局 2009 年版。

罗炳良：《18 世纪中国史学的理论成就》，北京师范大学出版社 2000 年版。

罗义贤：《司徒雷登与燕京大学》，贵州人民出版社 2005 年版。

刘新成主编：《历史学百年》，北京出版社 1999 年版。

柳诒徵：《国史要义》，中国人民大学出版社 2007 年版。

卢绍稷：《史学概要》，商务印书馆 1930 年版。

蒙文通：《蒙文通文集》，巴蜀书社 1987 年版。

马金科、洪京陵：《中国近代史学发展叙论：1840—1949》，中国人民大学出版社 1994 年版。

［日］内藤湖南：《中国史学史》，马彪译，上海古籍出版社 2008 年版。

牛润珍：《关于历史学理论的学术论辩》，百花洲文艺出版社 2004 年版。

瞿林东：《中国古代史学批评纵横》，中华书局 1994 年版。

瞿林东：《中国史学的理论遗产》，北京师范大学出版社 2005 年版。

瞿林东等主编：《史学批评与史学文化研究》，黑龙江人民出版社 2009 年版。

瞿林东主编：《20 世纪中国史学发展分析》，北京师范大学出版社 2009 年版。

瞿林东：《20 世纪中国史学散论》，安徽人民出版社 2009 年版。

瞿林东：《中国史学史纲》，北京师范大学出版社 2010 年版。

瞿林东：《中国史学史教程》，高等教育出版社 2011 年版。

钱穆：《先秦诸子系年》，商务印书馆 2006 年版。

乔治忠、姜胜利：《中国史学史研究述要》，天津教育出版社 1996 年版。

乔治忠：《中国史学史》，中国人民大学出版社 2011 年版。

桑兵：《先因后创与不破不立：近代中国学术流派研究》，生活·读书·新知三联书店 2007 年版。

桑兵主编：《近代中国学术批评》，中华书局 2008 年版。

［日］松本真澄：《中国民族政策之研究——以清末至 1945 年的"民族论"为中心》，鲁忠慧译，民族出版社 2003 年版。

［德］施耐德：《真理与历史：傅斯年、陈寅恪的史学思想与民族认同》，关山、李貌华译，社会科学文献出版社 2008 年版。

苏云峰：《从清华学堂到清华大学 1911—1929》，生活·读书·新知三联书店 2001 年版。

童书业：《春秋左传研究》，中华书局 2006 年版。

童书业：《先秦七子思想研究》，中华书局 2006 年版。

童书业：《春秋史》，中华书局 2006 年版。

田亮：《抗战时期的史学》，人民出版社 2005 年版。

汪荣祖：《史学九章》，生活·读书·新知三联书店 2006 年版。

王汎森：《中国近代思想与学术谱系》，河北教育出版社 2001 年版。

王汎森：《近代中国的史家与史学》，复旦大学出版社 2010 年版。

王森然：《近代名家评传》，生活·读书·新知三联书店 1998 年版。

王学典：《20 世纪中国史学评论》，山东人民出版社 2002 年版。

王学典、陈峰：《20 世纪中国历史学》，北京大学出版社 2009 年版。

吴泽主编，袁英光、桂遵义著：《中国近代史学史》，人民出版社 2010 年版。

夏晓虹、吴令华编：《清华同学与学术薪传》，生活·读书·新知三联书店 2009 年版。

夏曾佑：《中国古代史》，河北教育出版社 2000 年版。

肖黎：《中国历史学四十年》，书目文献出版社 1989 年版。

肖黎主编：《20 世纪中国史学重大问题论争》，北京师范大学出版社 2007 年版。

许冠三：《新史学九十年》，岳麓书社 2003 年版。

杨树达：《积微翁回忆录》，上海古籍出版社 2007 年版。

杨宽：《西周史》，上海人民出版社 2003 年版。

杨宽：《战国史》，上海人民出版社 2003 年版。

杨翼骧：《中国史学史讲义》，天津古籍出版社 2007 年版。

俞旦初：《爱国主义与中国近代史学》，中国社会科学出版社 1996 年版。

张广智主编：《20 世纪中外史学交流》，北京师范大学出版社 2007 年版。

张岂之主编：《中国近代史学学术史》，中国社会科学出版社 1996 年版。

张舜徽主编：《中国史学家传》，辽宁人民出版社 1984 年版。

张越：《五四时期中国史坛的学术论辩》，百花洲文艺出版社 2004 年版。

张越：《新旧中西之间——五四时期的中国史学》，北京图书馆出版社 2007 年版。

张越：《史学通论与近现代中国史学研究》，北京师范大学出版社 2011 年版。

张世林主编：《学林往事》，朝华出版社 2000 年版。

张剑平：《新中国史学五十年》，学苑出版社 2003 年版。

张玮瑛：《燕京大学史稿：1919—1952》，人民出版社 1999 年版。

周文玖：《中国史学史学科的产生和发展》，北京师范大学出版社 2002 年版。

周文玖：《史学史导论》，学苑出版社 2006 年版。

周一良：《毕竟是书生》，北京十月文艺出版社 1998 年版。

朱维铮编：《周予同经学史论著选集》，上海人民出版社 1996 年版。

（四）近人与今人相关研究论文

戚国淦：《史坛巨匠　后学良师——怀念齐思和先生》，《世界历史》 1982 年第 1 期。

齐世荣：《关于开展世界现代史研究的几个问题》，《历史教学问题》 1988 年第 2 期。

周一良：《我的前半生》，《中国史研究动态》1990 年第 11 期。

戚国淦：《历史学家齐思和》，《文献》1991 年第 3 期。

马克垚：《努力建立世界史学科的新体系》，《武汉大学学报》（人文 科学版）1993 年第 5 期。

马克垚：《学贯古今，史通中外——略论齐思和先生的史学》，《世界 历史》1995 年第 2 期。

萧良琼：《在史学上独辟蹊径的齐思和先生》，《燕京学报》新第 6 期，北京大学出版社 1999 年版。

齐文心：《先父齐思和生平及著作简述》，《农业考古》2000 年第 3 期。

瞿林东：《史学与艺术》，《安徽师范大学学报》（人文社会科学版） 2001 年第 4 期。

张光华：《齐思和与〈中国史探研〉研究》，硕士学位论文，南开大 学，2003 年。

石增银：《燕京大学历史学会初探》，硕士学位论文，华东师范大学，

2006 年。

张光华：《齐思和史学思想探析》，《南京晓庄学院学报》2006 年第 2 期。

章益国：《历史艺术论——姜蕴刚史学思想评述》，《云南社会科学》2006 年第 4 期。

林英：《20 世纪中国与拜占庭帝国关系研究综述》，《世界历史》2006 年第 5 期。

张光华：《齐思和治史方法简论》，《邯郸学院学报》2007 年第 1 期。

黄安年：《融中外史学于一体的课程新体系——读〈齐思和史学概论讲义〉》，《云梦学刊》2007 年第 4 期。

王淼：《有批评才有创造》，《中国改革报》2007 年 5 月 17 日。

甯甯：《赓续传统缅怀一代史学奇才》，《人民政协报》2007 年 5 月 21 日。

马克垚：《齐思和先生的会通之学》，《光明日报》2007 年 6 月 8 日。

隋唐：《"纪念齐思和先生百年诞辰学术研讨会"在京举行》，《社会科学论坛》（学术评论卷）2007 年第 6 期。

齐小玉：《道德文章，高山仰止——"纪念齐思和先生百年诞辰学术研讨会"纪要》，《云梦学刊》2007 年第 6 期。

齐文颖：《齐思和史学概论讲义后记》，《中华读书报》2007 年 7 月 25 日。

韩景轩：《读齐思和先生的〈匈奴西迁及其在欧洲的活动〉》，《社科纵横》（新理论版）2008 年第 1 期。

张越：《"书评"中的学术批评——〈燕京学报〉"书评"栏目的特色》，《廊坊师范学院学报》（社会科学版）2008 年第 6 期。

张越：《新中国建立后十七年"中生代"史家群体与马克思主义史学》，《史学理论研究》2012 年第 2 期。

齐文颖：《勤奋 创新 爱国——纪念先父齐思和先生百年诞辰》，《燕京学报》新第 26 期，北京大学出版社 2009 年版。

刘婷：《民国史坛上的齐思和（1927—1949）》，硕士学位论文，山东大学，2013 年。

（五）期刊、报纸要目

《史学年报》《燕京学报》《大公报》《读书杂志》《史学消息》《历史

教育》《禹贡》《燕大月刊》《燕京社会科学》《师大月刊》《史地丛刊》《史地学报》《食货》《现代史学》《新闻周报》《大中》《朝华月刊》《燕大经济学报》《燕大经济研究季报》《出版周刊》《外交月刊》《学衡》《历史研究》《史学史研究》《文史哲》《历史教学》《人民日报》《光明日报》《文汇报》《世界历史》《史学集刊》《史学月刊》